離職率 1%

の会社が編み出した
超人財定着術

"3K業種"なんて言わせない！

Toshiyuki Takayasu 髙安敏行

マネジメント社

まえがき

離職率「1％」の我が社の ヒミツ、教えます！

信じられないかもしれませんが、**2023年の我が社の正社員の離職率はたったの「1％」**です。

私が経営しているのは、「3K（きつい、汚い、危険）」といわれる介護事業をはじめ、クリーニング店、理美容店など、どれも人手不足、人財不足が叫ばれている業界です。にもかかわらず、200名以上が在籍する企業で正社員の離職率がたったの1％なのです。

しかし、世の中の現状はかなり厳しいといえるでしょう。「求人広告を出しても応募がない」「新しい社員を採用してもすぐに辞めてしまう」「若い人財が定着しない・育たない」、あなたの会社もそんな悩みを抱えていませんか？

事実、2023年の厚生労働省の発表によると、大卒新入社員の3年以内の離職率は32.3％です。規模別に見ると、大

企業が26.1％なのに対し、100人未満の中小企業は40.6％、5人未満の小企業に至っては54.1％と、半分以上が3年以内に離職しているのです。これは中小・零細企業の経営者にとっては、決して看過できる数字ではありません。

　我が社は今でこそ驚異の離職率の低さを誇っていますが、10年前までは私も人手不足に悩む経営者でした。離職率は20％を超え、どんなに求人広告を出しても応募者の数は少なく、せっかく入ってきた貴重な人財も、残念ながら長く働いてくれる人は多くありませんでした。

　とくに介護業界の人財不足が深刻なのは、みなさんも新聞やニュースなどで連日目にしていることでしょう。

　2021年に厚生労働省が発表した「第8期介護保険事業計画に基づく介護職員の必要数について」によると、国民の約5人に1人が後期高齢者となる2025年、243万人の介護職員の確保が必要といわれています。しかし、すでに約32万人、2040年には約69万人の介護職員が不足するという予想が出ているのです。もともと希望者が少ない仕事であり、需要と供給がまったくマッチしていない状況が長年続いています。

　私がこの問題に直面し、真剣に考え始めたのは十数年前のことです。正直、当時の私は疑問を持つこともなく、世

間一般の認識のままに「介護・サービス業は３Ｋだし、辞めていく人が多いのは仕方がない」と思っていました。「辞めたら補充すればいい」と、新たな人財を確保することを重視し、闇雲に求人広告を出していました。

　しかし、まったく応募者は増えないし、新しい人財が入社してもすぐに辞めてしまう。「一体どうしたら、人財を確保できるのだろう？」と悩み始めた私は、「給料が安いせいだ」と安易な結論を出しました。

　そこで、賃金をアップして求人募集をかけてみることにしたのです。それでも大きな変化はなく、もう少し上げてみようと数回の賃金アップを試みましたが、当然増額には限界があります。

　結果的にこの作戦は、どんなに賃金を上げても人財は集まらないし、大手企業にはかなわないという現実を突きつけられただけでした。

　そんなときです。５人の女性社員から、いっぺんに「辞めます」と辞表を提出される騒動が起こったのです。この騒動についての詳細は第１章でお話しますが、仕事に慣れているスタッフが辞めてしまうと、現場は回らなくなります。私は急いでシフトの見直しと人財を確保すべく募集の準備を始めました。

　しかし、これまでの経験上、新たな人財がすぐに見つか

離職率「１％」の我が社のヒミツ、教えます！　　**5**

る保証はないうえに、たとえ見つかったところで万年人手不足の当社には時間をかけて人を育てる余裕などありません。当面のシフトの調整はもちろん、仕事に慣れていた5人の穴埋めになる人財の教育など、これからのことを考えると暗澹たる思いに駆られたことを今でも鮮明に覚えています。

　このとき私は実感したのです。

「新しく人を雇うよりも、今働いてくれている社員の離職を防ぐことが何よりも重要だ」

　当社のような中小企業は、賃金を上げるだけでは人財は集まらないし、新たな人財が入社しても教育に時間をかけることはできません。

　つまり、**私がするべきことは、「現在働いてくれている社員の定着率を上げる＝離職率を下げる」**ことだったのです。

　それが結果的に新しい人財の呼び水にもなるのではないかと気づいた私は、**「どうしたら社員に長く働きたいと思ってもらえる会社に成長できるか」**を真剣に考えることにしました。

　そして、社員1人ひとりと真摯に向き合ってみることから始めました。社員の意見に耳を傾け、「退職したいと思うのはどんなときか」を調査することにしたのです。

結果を見て気づいたのは、「**自分は必要とされていると
いう自己重要感**」と「**自分はここにいていいんだという心
理的安全性**」の重要性でした。

　給与や福利厚生・休日に関してはもともと把握して入社
しています。それよりも「**ちゃんと評価してもらいたい＝
承認されたい**」というのが社員の本当の思いであり、もっ
とも重要な要素だったのです。

　私はこれまで、経営者として社員の頑張りをどれだけ認
識し評価していたのか、積極的に社員とコミュニケーショ
ンをとろうとしていたのか、正直、反省すべき点ばかりで
した。当時の私は社員の存在価値をきちんと認めることが
できていなかったのです。

　どうすれば、すべての社員の貢献を把握できるのか。私
はその方法を考えることで離職防止の道が開けるのではな
いかという思いに至りました。

　そして紆余曲折を経て、次の**３つの対策を講じること
で、離職率を20％から１％まで改善することに成功し、
「社員が定着する職場」へと劇的な変貌を遂げた**のです。

離職率「１％」の我が社のヒミツ、教えます！　　**7**

①数字では表せない陰の貢献を「見える化」する人事評価の策定

　多くの企業が営業成績など目に見える数字による評価基準を採用していますが、実際には事務職など数字に表れない仕事をしている社員はたくさんいます。

　介護・サービス事業には、むしろ数字に表れない貢献のほうが多いといえるでしょう。

　まずは、そういった**陰の貢献をきちんと「見える化」する**必要があると考え、人事評価から見直すことにしました。

　そうして誕生したのが、「**笑認®**」**し合う仕組み「パノラマ評価法」**です（笑認®は弊社の登録商標です。以降®マークは省略し表記します）。

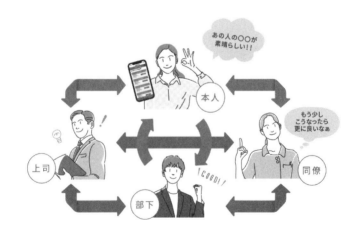

「パノラマ評価法」は、「企業理念」「行動指針」と「笑認」を基準にした新しい人事評価であり、仕事で関わっている人たち（上司、部下、先輩、後輩、同僚）が互いを評価し合う360度評価です。

②仲間の良いところを認め合う評価基準「笑認」の導入

パノラマ評価法の最大の特長は、評価基準の１つである「笑認」にあります。「笑認」は従来の人事評価とは真逆の評価基準です。

「笑認」は、「仲間の『良いところ探し』をして、笑顔で承認し合おう！」という思いを込めて私がつくった造語です。

「笑認」によって社員定着に重要な「自己重要感」と「心理的安全性」を担保することができます。

まさに、「笑認」し合う組織をつくるために、私はこの仕組みを考え続けているといっても過言ではありません。

多くの企業でもThanks Cardや褒め合うツールなどが導入されていますが、使う人と使わない人が明確に分かれてしまったり、長く使っていると形骸化してしまったり、なかなか定着しないという話をよく耳にします。

私は、社員同士が「笑認」し続けるためには、人事評価とお互いに認め合う・褒め合うことを同時に行うことが必要だと考えています。

★笑認（笑顔＋承認）とは
・人の存在・価値・強みや良いところを認めること
・肯定的に人に関心を持ち、感謝し、共感すること

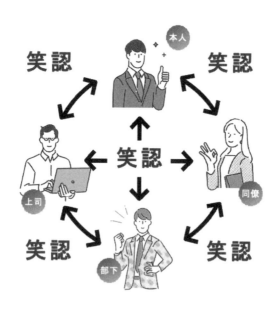

③社員のやる気につなげる「1 on 1笑認メソッド」の構築

　仲間からの評価は、上司から社員1人ひとりに伝えます。どんなに素晴らしい人事評価システムをつくり、その結果、素晴らしい評価が集まっても、本人のやる気につながるような伝え方をしなければ意味がありません。

　そこで、社員に貢献と感謝を伝える場として「1 on 1笑認メソッド」を構築し、評価面談の際にそれぞれの社員の貢献を「激励評価表（表彰状）」という見える形で贈っています。

離職率「1％」の我が社のヒミツ、教えます！

本書では、当社を離職率1%の会社へと変えた、これら「3つのヒミツ」について具体的にお伝えしていきます。

　私と同じようにサービス業（介護・理美容・クリーニング業など）に携わる中小企業の経営者はもちろん、IT業界や飲食業界など社員の離職率の高さや慢性的な人手不足に悩む経営者はたくさんいらっしゃると思います。
　少しでもそういった方々の助けになればと思い、社員定着率アップのヒントを本書にたくさん詰め込みました。これらを実践することで、具体的に以下のような変化が起こります。

・すべての社員の会社に対する貢献が明確になる。
・評価の曖昧さによる社員の不満が減る。
・社員同士のコミュニケーションが活性化する。
・社員の笑顔が増える。
・社員が帰属意識を持って働いてくれるようになる。
・会社が求める企業理念を基にした行動が明確になる。
・社員が自分の成長を目に見えて感じられるようになる。
・自立自走してくれる社員が育ち、会社も成長する。

　結果的に、離職率は下がり長く働いてくれる社員が増えるので、健全で持続可能な会社に成長できるのです。
　あなたの職場でも「笑認」の輪を広げてみませんか？

■ 目　次　■

まえがき
離職率「1％」の我が社のヒミツ、教えます！ ································· 3

第1章　離職率を下げる仕組みづくり

本当の退職理由は「給料の安さ」ではない！ ····························· 18

定着率アップに重要な「自己重要感」と「心理的安全性」········ 26

一方通行型人事評価の問題点 ··· 33

離職率1％の人事評価のポイントは「見える化」と「肯定感」··· 40

長く働きたい会社に成長させる「グッドサイクル」······················ 44

第2章　社員の貢献を「見える化」する「笑認」システム

「パノラマ評価法」の仕組みと効果 ··· 52

評価方法①　「関係の質」が向上する360度評価 ····················· 57

評価方法②　貢献の見える化を促進する「定量評価」と「定性
　評価」 ··· 64

評価基準①　良い部分を評価し合う「笑認」制度 ····················· 66

評価基準②　「企業理念」を浸透させる ···································· 72

評価の伝え方　見える形で「感謝」を伝える ···························· 83

「パノラマ評価法」の二次効果　リファラル採用が増加する ······ 86

13

「パノラマ評価法」の活用法①　適材適所がわかるから「人事異動」にも役立つ ………………………………………………… 89

「パノラマ評価法」の活用法②　「コンプライアンス違反」を未然に防ぐ ………………………………………………… 94

第 3 章　「パノラマ評価法」の策定＆実施ステップ

「パノラマ評価法」の7つのステップ ……………………………… 98

【ステップ①】評価カテゴリー・項目の策定 ……………………… 101

【ステップ②】評価方法の設定と評価表の作成 …………………… 112

【ステップ③】「パノラマ評価法」導入の目的を社員に周知 ……… 120

【ステップ④】グループ分けして社員に「パノラマ評価表」を配布 ……………………………………………………………………… 123

【ステップ⑤】「パノラマ評価法」の実施 ………………………… 128

【ステップ⑥】評価表を集計してフェイスシートを作成 ………… 131

【ステップ⑦】激励評価表（賞状）を作成 ………………………… 137

第 4 章　フィードフォワードする「1 on 1 笑認メソッド」

「パノラマ評価法」の効果を最大限にする「1 on 1 笑認メソッド」 ……………………………………………………………………… 142

「1 on 1 笑認メソッド」を効果的にする5つの心構えとコツ …… 146

「1 on 1 笑認メソッド」の8つのステップ ……………………… 151

【ステップ1】 場づくり・場ならし ……………………………… 152

【ステップ2】 感謝の言葉と社員の貢献度を具体的に伝える‥ 154

【ステップ3】 最近（半年以内）、貢献したことや頑張ったことを
社員自身に話してもらう ……………………………… 155

【ステップ4】 これからの半年、1年、その先の目標を引き出す
………………………………………………………… 156

【ステップ5】 社員自身が決めた目標を達成するための方法を引
き出し、達成している自分をイメージさせる ………………… 157

【ステップ6】 共感する、信頼する、支援する、味方になる‥ 160

【ステップ7】 「激励評価表」を読み上げて手渡す ……………… 161

【ステップ8】 部下への期待とその理由を明確に伝える ……… 161

第 **5** 章	「パノラマ評価法」Q&A

Q1 「パノラマ評価法」の導入に反対する幹部や社員がいるの
ですが、どうしたらいいですか? ………………………… 166

Q2 過去に360度評価を実施して失敗した経験があります。ま
た失敗しないか不安です。 ……………………………… 169

Q3 リモートワーク中心でも、「パノラマ評価法」を導入するメリッ
トはありますか? ………………………………………… 173

Q4 「パノラマ評価法」を導入するために評価項目の策定に入
りましたが、評価項目が思い付きません。どうしたらいいです
か? ……………………………………………………… 174

15

Q5 勤続年数によって評価に差が出てしまわないか疑問です。
.... **178**

Q6 明らかに自己評価が「低すぎる」「高すぎる」社員への対
応はどうしたらいいですか? **179**

Q7 「パノラマ評価法」の他にも、効果的な離職対策はありま
すか? **184**

あとがき
人生は一期一会、仲間の「良いところ探し」をしよう **187**

第 **1** 章

離職率を下げる仕組みづくり

本当の退職理由は「給料の安さ」ではない！

私が本格的に離職率低下対策に取り組み始めたのは10年ほど前のことです。当時の厚生労働省の発表によると、退職者の離職理由の1位は「賃金」、2位は「会社の将来に対する不安」、3位は賃金以外の「労働条件」となっていました。

【三大退職理由（十年前）】
①賃金……給料が安い、上がらない
②会社の将来に対する不安……会社の規模や経営方針に不安や不満がある
③労働条件……労働時間が長い、休みが取れないなど

1位の「賃金」に関していえば、現在でも介護・サービス業は平均的な賃金の安さが問題になっています。当社が離職率20％を超えていた十数年前、私自身も給料の安さが原因で社員が定着しないと考えていた時期がありました。そこで**可能な限りの賃上げを試みたものの、辞めていく人は後を絶ちませんでした。**

　2位の「会社の将来に対する不安」については、当社の離職理由にはならないと考えていました。なぜなら、介護事業の順調な成長、クリーニング店の直営化、理美容事業への参入と、事業規模は拡大していたからです。

　3位の労働条件に関しては、介護職は「3K（きつい、汚い、危険）」、さらには「新3K（帰れない、厳しい、給料が安い）」が加わり「6K」といわれる職種ですが、応募時や面接の段階で、ある程度納得したうえで入社してくれています。

もちろん、実際に入社してみたら「想像以上」に休みが取りづらかった、仕事内容のわりには給料が安かった、仕事内容が合わなかったという理由で辞める人はいますし、実際に当社にもこれらの理由で退職した社員は過去にたくさんいます。

　しかし、賃金アップの試みに失敗してから、私は「本当に給料を含めた労働条件が理由なのだろうか？　もっと他に退職理由が隠れているのではないか？」と考えるようになりました。

　そして、できる限り謙虚な気持ちで多くの社員を観察すると同時に、「退職したいと思うのはどんなときか」についてヒアリングを重ねることで、表面的な理由や言葉ではなく、社員の深層に潜む気持ちを探ってみることにしたのです。

　そんな矢先に起こったのが、「はじめに」でも述べた女性社員５人の一斉辞職騒動でした。

　５人はクリーニング業に従事する社員で就業年数も長く、それなりに責任ある立場にいました。ある日の彼女たちも参加した直営店会議が終わった直後のことです。

　急に「私たち、全員会社を辞めます」と辞表を提出されたのです。私は理由がわからず、「どうして？　理由は？」

と尋ねました。すると、「給料が安い」「休みが取りづらい」など、まさに冒頭で挙げた退職理由を答えたのです。

一気に5人もの社員が辞めたら人手が足りなくなります。しかも彼女たちは店長クラスの社員です。サービス業は人財がいなければ、すぐに立ち行かなくなります。焦りながらも、いきなり5人の社員が同じ理由で辞めるといい出したことに違和感を覚えました。

改めて話し合うことでその場は収めたものの、私はすぐに求人広告を出すべく動きました。

翌日、個別に話を聞いてみたところ、見えてきたのが彼女たちの関係性でした。リーダー格Ａさんが主導権を握り「みんなで会社を辞めましょうよ」と働きかけたそうです。他の4人は彼女に逆らえず同調したということがわかりました。

とはいえ、彼女たちに不満がなかったわけではありません。だからこそ、退職という大きな決断に同調してしまったのでしょう。

私は4人の言葉に真摯に耳を傾けました。すると、彼女たちは待遇面だけに不満を持っているわけではなく、Ａさんのせいで職場の空気が重くなっていたことや、頑張ってもなかなか認めてもらえないことなどを話してくれました。

私はもっと社員とコミュニケーションをとる努力をする

ことを約束し、4人に留まってもらうことに成功しました。

　騒動の原因となったＡさんには穏便に辞めてもらうことにしました。実際にＡさんには待遇面に不満があったのでしょう。同調者を増やすことで、そういった不満を改善してもらえると考えたのかもしれません。

　この騒動をきっかけに、私は2つのこと学びました。

　1つは、**新しく人を雇うよりも、今働いてくれている社員を第一に考えることが重要**であること。

　辞めたいといわれたとき、私はすぐさま「早急に求人広告を出さなくては」と考えましたが、募集したところで応募があるかどうかはわからないし、運よく新入社員が入ったとしても、長年働いてくれていた彼女たちの代役が務まるはずがありません。

　じつは、当時の私は少し傲慢な振る舞いをすることがありました。たとえば、事務のパートとして働いてくれていたＢさんに対する態度がそれを物語っています。

　彼女は時折機嫌が悪く、感情の起伏が激しい性格の持ち主でした。ある日、私は彼女に対して「そんなに機嫌が悪いんだったら、今日は帰ったほうがいいんじゃないですか。もう仕事しなくていいですよ」といってしまったのです。

　ほどなくしてＢさんは会社を辞めてしまいました。今な

ら、「彼女がそういう態度をとるには何か理由があるのかもしれない」ときちんと話を聞くと思いますが、当時の私にはそんな意識も余裕もありませんでした。

そういった失敗は一度や二度ではありません。人手不足を感じていながらも「辞めたら補充すればいい。もっとうちの会社に合う人財がくるかもしれない」という考えのもと、簡単に人を辞めさせてしまっていた時期があったのです。

私自身がプレーヤーを兼任していたことも大きな要因です。「この人と一緒に仕事をするより、自分が2人分働いたほうがまし」という考えだったのです。

ところが、ベテラン社員5人が一斉にいなくなるという状況は私の考えを一変させました。5人分のフォローを自分1人でできるという奢りは、さすがの私にもありませんでした。

私は「辞めたら補充すればいい」という考えを捨て、**「今一生懸命に働いてくれている社員が働きやすい環境を整えることが大切」**と、定着率のアップに重きを置くことにしたのです。

本当の退職理由は「給料の安さ」ではない！　　**23**

旧人事システム　　　新人事システム

社員が働きやすい
環境をつくる

社員が辞めたら
補充すればいい

社員の定着率を
上げる

　もう1つは、**社員の離職を防ぐには人間関係の円滑化が
重要**であるということです。

　今回の危機は乗り越えられましたが、今後もまた同じよ
うな問題が起きるかもしれない……。考えただけでゾッと
しました。

　上司や先輩、後輩、同僚とそりが合わない、チームワー
クがうまくいかず職場の雰囲気が悪いなど、**コミュニケー
ション不足の原因による人間関係の悪化は、どんな企業に
も起きる**ことです。

　人間関係に伴うマイナスの感情は、表立っては口にしに
くいものです。この騒動は、人間関係の悩みを心の奥に抱
えて本当の理由をいえないまま会社を辞めてしまう社員は
とても多いということを実感する出来事でした。

私がきちんと現場を把握していれば予兆を感じ取り、未然に防げたかもしれません。

　しかし、当時は会社が軌道に乗り、どんどん規模を拡大していた時期です。私自身が現場に立つことが減っていたことも社員たちの関係性に気づけなかった要因であり、彼女たちの不満につながったのでしょう。自分のマネジメント力の拙さにも気づかされました。

定着率アップに重要な「自己重要感」と「心理的安全性」

　先の5人の社員のみならず、多くの社員から寄せられた「退職したいと思うのはどんなときか」というアンケートの回答からも、**「離職を防ぐには人間関係の円滑化が重要」**ということは明らかでした。

　なかには「仲間とうまくいかず、会社に自分の居場所がない」と感じている人や、「上司が自分の仕事に無関心で正当に評価されていない」と感じている人など、思った以上に深刻な悩みを抱えている社員もいました。

　これらの本当の退職理由から見えてきたのは、**自分は評価されている、必要とされているという自己重要感と自分はここにいてもいいのだという心理的安全性**の2つの心理を満たすことの重要性です。

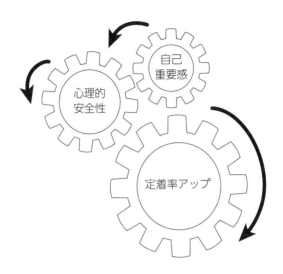

自己重要感

　自己重要感とは、自分は重要な存在であると感じられることです。

　アメリカの作家・講演家であるデール・カーネギー氏の著書『人を動かす』(創元社)の中でも、「人を動かす三大原則の1つは、自己重要感を持たせることだ」と解説しています。

　自己重要感は「自己肯定感」だけでは完成しません。自分自身を認め、さらには他人からの承認を得られることで満たされるものです。

　「これだけ頑張ったのだから、高い評価を得られるは

ず」と自己肯定感を感じても、他人の評価がそれよりも低ければ、自己重要感にはつながりません。自分は重要な存在ではないと感じられ、会社を辞めたくなるのです。

「私の代わりはいない」「自分はこの場に必要とされている」と思える環境によって、**自己重要感は得られます。**

心理的安全性

心理的安全性とは、「**組織の中で自分の意見や気持ちを安心していえる状態**」であることです。

組織行動学を研究するハーバード・ビジネススクール教授、エイミー・C・エドモンドソン氏が提唱した概念です。Googleがプロジェクト・アリストテレスという社内

調査結果で、「生産性の向上に役立つ概念である」と発表したことをきっかけに広まり、近年多くの企業が注目しています。

　心理的安全性がある環境では、誰かの意見を他のメンバーが拒絶や否定することなく受け入れるので、自由にアイデアや意見をいうことができます。
　「こんな指摘をしてしまって大丈夫だろうか？」「チームの人間関係が崩れないだろうか？」といった心配がないので、組織内のコミュニケーションが活性化し、お互い尊重し合いながら働くことができるのです。
　時間がかかるケースは多いのですが、結果的に生産性はアップします。

　逆に自分の意見をいいにくい環境では、心理的安全性を得ることはできません。
　せっかく意見を述べても、攻撃的に反対されたり否定的な意見をいわれたりすれば、当然嫌な気分になるし、自信もなくしてしまいます。人間関係は悪化、職場の雰囲気はギスギスしてしまうでしょう。

定着率アップに重要な「自己重要感」と「心理的安全性」　**29**

こういった環境では人は辞めてしまいます。

つまり、**離職率を下げるには、社員の「自己重要感」と「心理的安全性」を満たすことが必須**なのです。前述した４人の社員の退職は運よく回避できましたが、当時の我が社にはまさにこの２つが欠けていました。

２つの心理は、いわば**「必要とされたい」「認められたい」「１人の人間として尊重されたい」という承認欲求**です。

アメリカの心理学者、アブラハム・マズロー氏が発表した心理学理論「マズローの欲求５段階説」をご存知でしょうか。

人間の欲求はピラミッドのように５段階に分かれており、下層の欲求が満たされると次の段階の欲求を求めるようになるという理論です。

【マズローの欲求5段階解説】

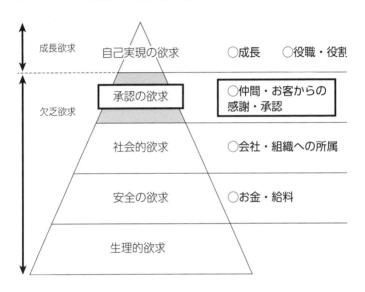

承認欲求は「集団から自分の存在価値を認めてもらいたい、尊重されたい」という欲求です。

人は承認されることで、自尊心と自信が生まれ、自発的に動くようになります。自立的な社員が増えれば生産性は上がり、売上の向上にもつながります。

また、みんなで承認し合えるような環境であれば、コミュニケーションが活性化して職場の雰囲気はよくなり、社員の定着率も上がります。

働く人の承認欲求を満たす職場は、社員と会社双方にとってメリットがあるのです。

一方通行型人事評価の問題点

　では、どうすれば社員の承認欲求を満たすことができるのでしょうか？

　「もっとコミュニケーションを図りましょう」「管理職の人は積極的に部下を褒めましょう」など、口でいうのは簡単ですが、それだけでは何も変わりません。行動指針となる、具体的な仕組みの構築が必要です。

　そこで、私は人事評価を見直すことにしました。人事評価は、勤務態度や職務遂行能力の成長・発揮の度合い、成果など、社員の働きぶりの良し悪しをさまざまな面から評価して、今後の賃金や職務内容といった処遇を決定するために行います。

　しかし、これは一方的に会社が社員を評価するためだけの制度ではなく、社員にとっては「自分が会社から必要とされているかどうか」を推し測るための基準にもなるのです。

　かつて、当社が行っていた人事評価は、今でも多くの企

業が採用している一方通行型人事評価でした。直属の上司のみが部下を評価するという方法です。まだ当社の規模が小さかった頃は、経営陣の1人である私自身もプレーヤーであり、現場で社員と直接会話する機会も多く、ある程度社員の働きぶりを把握することができていました。

しかし、社員数が50人、100人と増えていくことで、ふだん接することのない社員を、直属の上司の言葉だけで評価せざるを得なくなっていきました。

「ふだん現場にいないのに、何を見て評価しているのか」

「私の頑張りはまったく人事評価に反映されていない」

など、社員から不平不満が出ることもありました。私も新卒で入社した会社で経営企画部に配属された際に、同じようなことを感じていた1人でしたが、当社も見える部分でしか評価できない仕組みだったのですから、不満につながるのは当然です。

私は社員の質問に対する正しい答えを見つけられず、「数字を見ての評価です」などと、言葉を濁すしかありませんでした。

一方通行型人事評価には、「表に現れない（見えない）、数字で測れない貢献が反映されにくい」ことと、「公平性を担保するのが難しい」という2つの問題点があります。

34　第1章　離職率を下げる仕組みづくり

①表に現れない（見えない）、数字で測れない貢献が反映されにくい

　たとえば、営業部が目標を達成し表彰されたとします。営業担当の貢献度は数字で一目瞭然なので、経営者や上司から直接労いの言葉をかけられるのは営業職の社員になります。しかし、実際にはそれを陰で支えている事務職の社員の貢献も間違いなく存在します。

　営業事務と一口にいっても、電話応対に長けていて取引先の人が一目置くようなやりとりができる人、資料づくりが得意な人など、それぞれ素晴らしいスキルを活かして働いています。笑顔や前向きな発言で場の雰囲気を明るくするムードメーカー的な役割を担っている人もいるでしょう。

　こういった数値化できないバックオフィスの人たちは個別に評価されにくく、陰の貢献の部分にスポットが当たることはほとんどありません。

　しかし、電話対応や来客対応、契約書や請求書といった書類管理など、事務職の人たちがサポートしてくれるからこそ、営業担当はスムーズに仕事ができ、成果を上げることができるのです。

　一方通行型人事評価は、営業成績など売上に直接反映される、目に見える物差しだけで判断する評価になりがちです。

もちろん、評価対象者の働きぶりを完璧に把握することは不可能ですが、社員からしてみれば「あんなに頑張ったのに評価が低かった」という状態が続くと、自己重要感や心理的安全性が満たされず、やる気を失ってしまいます。

②「公平性」を担保するのが難しい

「直属の上司から見た部下」という一方通行の評価は、どんなに気をつけても公平性に欠けてしまいます。人間1人が行うので、どうしても「好き」「嫌い」といった主観に左右されるのは否めません。

当然、好き嫌いで人を評価すべきではありませんが、倫理観を持って自身の好みを排除しようと試みたとしても、そもそも自分が受けた印象を無視しては評価そのものができません。

また、上司の意識だけではどうしようもない部分もあります。評価対象者本人による「見せ方」によっても印象は異なるからです。

たとえば、売上目標をAさんは1億2,000万円、Bさんは9,000万円に設定したとします。実際の売上額が1億円だった場合、人間の心理としてどういった評価になると思いますか？

少なめに設定したBさんが「目標をだいぶ超えたじゃないか。よく頑張ったね」という高評価を得ることが多いのです。逆に目標額を達成していないAさんは、「もっと頑張らないとダメじゃないか」と評価が下がってしまうかもしれません。

たとえAさんのほうが向上心が高く努力家だったとして

も、見せ方が上手なBさんのほうが上司の印象はよくなるという不公平を生み出してしまうのです。

　私も昔は、明確な根拠はないのに「頑張ってくれそう」といった曖昧な印象で評価してしまうことがありました。

　「目標は達成していませんが、そのために今こういう対策をしていて、来期は達成します！」と、前向きな言葉で饒舌に語られると、期待を込めて評価を上げてしまっていたのです。

　逆に話すことが苦手な社員に対しては、「やる気があるのだろうか？」と期待値や印象が下がってしまい、低い評価をつけてしまうこともありました。

　声高に自己アピールをする人、上司の前でだけやってい

る素振りを見せる人は、どの職場にも少なからずいるものです。努力をしていないのにアピールのうまさで高評価を得る社員がいる一方で、努力していることをうまく表現できないために正しく評価されない社員がいる。こういった部分を改善しない限り、社員の不満はなくなりません。

　上司から見える表面上の働きぶりだけで判断する人事評価は、不公平感を生んでしまうのです。また、上司との相性や好き嫌いで評価されることも多いと思います。

　かつての私自身がそうだったように、「あの人は評価されているのに自分は評価されていない」「自分もあの仕事に関わっていたのに手柄をとられた」という社員の不満に対して、明確な回答ができないのが一方通行型人事評価なのです。

【従来の一方通行型人事評価】

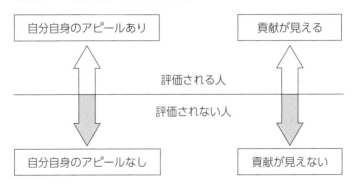

離職率１％の人事評価の
ポイントは「見える化」と「肯定感」

　私は「従来のやり方ではない、まったく新しい人事評価の仕組みが必要」と考えました。

　「どんな仕組みにすれば公平な人事評価ができるのか？」

　「どんな人事評価なら社員の承認欲求を満たせるのか？」

　最大のポイントは「目に見えない貢献を見える化」することです。

　日頃から私自身がすべての現場の様子を見ることができればいいのですが、時間的にも物理的にも不可能です。私が現場を見なくても、すべての社員の貢献や行動などが可視化でき、かつ公平に評価できる評価システムとはどんなものなのでしょうか？

　その答えが、離職率１％に導いた、笑認し合う仕組み「パノラマ評価法」です。

　新しい人事評価の効果は、すぐに表れました。**これまで私が見えていなかったスタッフ１人ひとりの貢献や、チームの関係性が手にとるように見え始めたのです。**

40　　第１章　離職率を下げる仕組みづくり

同じチームの後輩が「A先輩が早く出社して掃除を頑張っていました」と評価していたり、「私が急病のときに快くシフトを代わってくれて助かりました」と同僚Bさんの親切な行動を評価していたり、「いつも笑顔で受付けをしていて場を明るくしてくれています」と大勢の社員から同じ評価をされているCさんがいたり。

　私までが笑顔になってしまう評価がたくさん寄せられたのです。いつも身近で見ているからこそわかる長所であり、教えてもらわなければ私や上司には気づけない貢献です。

　こんなにも頑張って会社を支えてくれている社員たちがいることに感謝の気持ちが湧いてくると同時に、私は改めて実感しました。**「目に見えない貢献にこそ目を向け、評価すべきだ」**と。

新たな人事評価システムは、社員のコミュニケーションを活性化し、職場の雰囲気は見違えるように明るくさせました。私や直属の上司にはわからなかった部下の貢献が見えるようになったことで、公平な評価につながり、社員からの不満は面白いように減っていったのです。

　時代は変わり、退職理由も変化しています。

【三大退職理由（2024年現在）】

①**労働条件**……労働時間が長い、休みが取れないなど
②**人間関係**……職場の人間関係が好ましくない
③**賃金**……給料が安い、上がらない

2024年現在の2位には「人間関係」が入っていて、10年前から取り組んできた対策に間違いはなかったと実感しています。「働き方改革」など、社員側の立場に立った改善が進められることで、本音をいいやすくなったのではないでしょうか。

逆に最近では、ホワイト職場すぎて、「この会社では自分の成長は望めない」ことを理由に退職する、成長志向の若手社員も増えているという調査結果が出ています。

次章で詳しく説明しますが、「パノラマ評価法」は他人から見た社員の評価のみならず、本人も自分自身を評価する方法をとり入れています。それによって、社員に合った職種はもちろん、上昇志向などの性格までわかるため成長志向の若手社員の流出を防ぐこともできます。

長く働きたい会社に成長させる「グッドサイクル」

　人間関係が良好になることで、さまざまなことが改善していきます。それを裏づけているのが「組織の成功循環モデル」です。

　これはマサチューセッツ工科大学の教授、ダニエル・キム氏が提唱した組織開発のためのプロセスであり、成功する組織は「関係の質」「思考の質」「行動の質」「結果の質」の4つがうまく循環しているという考え方です。

　「グッドサイクル」と呼ばれるこの循環は、「関係の質」の向上からスタートするのがポイントです。

【グッドサイクル（組織の成功循環モデル）】

①**関係の質**……よい組織づくりは、互いに「認め合う」関係から始まる。

②**思考の質**……尊重関係があれば理念や行動指針などの目的をみんなで共有できる。

③**行動の質**……共有した思考に基づいて自ら行動できるようになり、自立自走の組織が生まれる。

④**結果の質**……生産性が上がり、さらによい関係が生まれる。

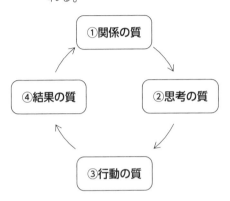

　私がこの考えを知ったのは新しい人事評価の作成後でしたが、「なるほど」ととても納得できました。離職率が20％を超えていた頃の当社は、「結果」にばかり目が向いていたのです。売上を上げることや新しい人財を確保するといった「結果の質」を重視していました。これがすべての質を落とし「バッドサイクル」を招いていたのです。

【バッドサイクル】

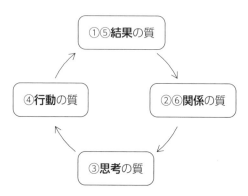

①成果、業績を上げたい（結果の質）
②対立が生じ、押しつけ、命令・指示が増える（関係の質）
③創造的思考がなくなる、受け身で聞くだけ（思考の質）
④自発的・積極的に行動しない（行動の質）
⑤さらに成果が上がらない（結果の質）
⑥関係が悪化する、なすり合い、自己防衛（関係の質）

　組織は、図のように売上など「結果の質」を求めすぎると、社員がやる気をなくして自立心が育たなかったり、「なんとかしなくては」と重大な不正を起こしたり、そもそも「関係の質」を軽視してしまう傾向にあります。
　たしかに結果は大事ですが、そこを起点にしてしまうことで、バッドサイクルに陥ってしまいます。**健全な組織**

は、「**関係の質**」**から誕生する**のです。私自身が身をもって体験したことなので間違いありません。

一方、当社では、次のようなグッドサイクルを回せています。

【グッドサイクル】

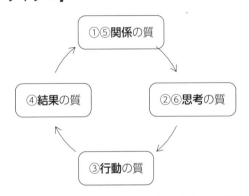

①互いに尊重し、結果を認め、一緒に考える（関係の質）
②気づきがあり、共有され、当事者意識を持つ（思考の質）
③自発的・積極的にチャレンジ・行動する（行動の質）
④成果が出てくる（結果の質）
⑤信頼関係が高まる（関係の質）
⑥もっと良いアイデアが生まれる（思考の質）

実際に、「関係の質」から改善したことで、2023年の当社グループにおける正社員の離職率は1％になりました。

現在、当社には220名の従業員が所属していますが、そのうち、勤続年数10年以上の社員が約3分の1の82名を占めています。

【従業員の勤続年数】

・勤続20年以上　21名

・勤続15年以上　38名（20年以上との合計）

・勤続10年以上　82名（15年・20年以上との合計）

※従業員数220名（ハートサービスグループ全体／2024年7月現在）

　離職率低下対策に取り組み始めた10余年前から、急激に定着率がアップしています。

　しかも、2017年から2018年の2年間は離職者「ゼロ」でした。この事実は、介護業界紙『シルバー産業新聞』（2018年9月10日号）に「3Kといわれる介護業界において、2年連続で離職率ゼロを達成」という内容で掲載していただきました。

　2023年のグループ全体における正社員の離職率の正確な数字は1.38％ですが、退職理由は会社への不満ではなく、「遠方への引っ越し」や「結婚・出産などライフスタイルの変化」、もしくは「独立」などポジティブな理由ば

かりです。

　そして、退職する社員が会社の負担にならないようにと、新たな人財を紹介してくれることもあります。リファラル採用です。信頼できる元社員からの紹介ですから、その人財に対する情報も最初からきちんと得ることができます。現在の介護事業の従業員の半数以上は、社員や取引先からの紹介で入社したスタッフです。

　これは、まさに「関係の質」が生み出した結果であり、グッドサイクルがうまく回っている証拠です。

　「関係の質」から改善することで、成果を生むのはもちろん、社員に「この会社でずっと働きたい」という意識を生み出します。それが定着率アップにつながり、人手不足は解消、人が辞めない、辞めてもリファラル採用につながる、持続可能な仕組みができ上がるのです。

　第2章からは、職場にグッドサイクルが循環することで社員の定着率がぐんと上がる、「パノラマ評価法」について具体的に解説していきます。

長く働きたい会社に成長させる「グッドサイクル」　**49**

第 **2** 章

社員の貢献を「見える化」する「笑認」システム

「パノラマ評価法」の仕組みと効果

人事評価は社員が会社を評価する制度でもある

「自分はこの会社から何を求められているのか？」「自分はこの会社でどんな貢献ができるのか？」などが明確になることで、社員は自分の成長はもちろん、会社の成長まで考えるようになり、結果的に「ずっとこの会社で働きたい」という思いにつながります。

そこで大切になってくるのが、経営者・責任者の人事評価に対する考え方です。人事評価は会社側が一方的に社員を評価するための制度と思っている人は多いのではないでしょうか？　とくに一方通行型人事評価を採用している経営者にはその傾向が強いようです。

しかし、**人事評価は社員が会社を評価するための判断材料にもなっているのです**。人事評価によって、社員は「自分は会社から必要とされているのか？」「このまま、この会社で働いていてもいいのか？」を推し測っているのです。この事実を認識しない限り、社員を定着させる人事評価の見直しはできません。

「会社の成長（売上）に貢献してほしい」という企業側の思い、「必要とされている場所でやりがいを持って楽しく働きたい、成長したい」という社員側の思い、この双方の思いを合致させるための人事評価の見直しポイントは以下の3点です。

人事評価の見直しポイント

- 社員が納得できて、目に見える形で公平性を担保すること。
- 自分は評価されている、必要とされているという、社員の「自己重要感」を満たすこと。
- 自分はここにいてもいいのだという、社員の「心理的安全性」を満たすこと。

そして、これらすべてを考慮した仕組みが、互いに笑認し合う「パノラマ評価法」です。

「パノラマ評価法」は、上司、部下、先輩、後輩、同僚、自分自身など、さまざまな立場の人が互いに評価し合う「360度評価」であり、**「笑認」と「企業理念」が評価基準**になっているのが特長です。

「パノラマ評価法」の仕組み	
評価方法	①360度評価……上司、部下、先輩、後輩、同僚、自分自身と多角的な視点から評価する。
	②定量評価と定性評価……数値と記述式回答の2種類で評価する。
評価基準	①笑認……よいところに目を向け、肯定的な評価をする。
	②企業理念……社員の言動が企業理念と合致しているかを評価する。
評価の伝え方	1 on 1笑認メソッド……仲間からの評価（貢献）を面談で、見える形で、1人ひとりに伝える。

「パノラマ評価法」の効果

　詳細を説明する前に、まずは「パノラマ評価法」によって得られる効果についてお話しましょう。

　第1章でも説明しましたが、グッドサイクルを循環させるためには、何よりも職場の雰囲気、社員同士の関係性を風通しよくする必要があります。

　そのため、**「笑認し合うチームづくり」「コミュニケーションの活性化」は最大の効果があります。ここさえクリアすれば、すべてがうまくいくといっても過言ではありま**せん。

「パノラマ評価法」の効果		
効果	具体的な内容	グッドサイクル
社員同士のコミュニケーションが活性化する	・360度で相互評価をするため、社員がお互いに関心を持ち、積極的にコミュニケーションをとるようになる。 ・仲間の良い点を評価する習慣が身につくことで、組織全体がポジティブな雰囲気になる。	関係の質 (興味・関心の促進)
個々の社員の仕事に対するモチベーションがアップする	・現場の評価が評価対象者に直接伝わるため、仕事に対してやりがいを感じるようになる。	思考の質 (心の報酬)
社員が自発的、積極的にチャレンジするようになる	・組織内での対話が活性化するので、シナジー効果をもたらす。※ ・現場でのフィードフォワードを得られることで、理想の未来に向けて具体的な改善策を立てやすくなる。	行動の質 (パーパス経営)
自立自走の組織ができ上がる	・効率が上がり、売上がアップする。	結果の質 (成長・自尊心の向上)

※フィードフォワードについては第4章で解説します。

そのための最大のポイントは、人事評価に「結果の質」だけをとり入れないことです。評価基準を「目に見える数字」だけに置くとうまくいきません。**「パノラマ評価法」は「関係の質」に重点を置き、評価方法や評価基準を設定しています。**

　その結果、社員個々の仕事に対するモチベーションは上がり、自発的に考え、行動するようになり、笑認し合う自立自走の組織ができ上がります。自ずと社員1人ひとりが成長し、会社も成長していくでしょう。

評価方法①
「関係の質」が向上する
360度評価

「360度評価」で得られる効果

「パノラマ評価法」では、上司から部下、部下から上司、先輩と後輩、同僚同士、さらには自分自身と、縦・横・斜めのあらゆる方向から評価対象者を評価する「360度評価」を採用しています。

360度評価によって、以下の3点が実現します。

1．社員同士、自分自身に関心・興味を持つ。
2．目に見えない貢献を「見える化」する。
3．社員の成長につながる。

1．社員同士、自分自身に関心・興味を持つ

360度評価は、社員同士が互いに関心・興味を持つためにとても有効な評価方法です。

全員が評価する立場になるので、**上司はもちろん、一緒に仕事をする同僚や後輩の言動を今まで以上に観察するようになります。**

すると、これまで知らなかった一面に気づき、関心・興味を持ち始め、積極的にコミュニケーションをとるようになるのです。

ここは**とても重要なポイントですが、評価基準①の「笑認すること」をゴールとして取り入れなければ効果は期待できません。**

従来の360度評価では、改善点に目を向けさせる傾向が強く、職場の雰囲気をより悪化させる可能性があるので注意が必要です。「笑認」もゴールとして実行することをおすすめします。

58　第2章　社員の貢献を「見える化」する「笑認」システム

「パノラマ評価法」では、自分自身も評価対象になります。次項で解説しますが、集まった評価は、自己評価の点数、パノラマ評価（360度評価）の平均点、グループ評価の平均点の3つに数値化します。

　自己評価を行うことで、自分自身の成長も実感でき、さらにパノラマ評価と比較することで、強みや弱みなどが顕著化するというわけです。

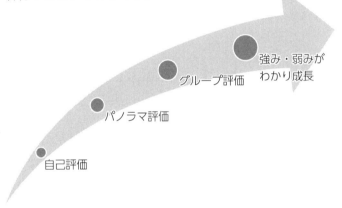

【パノラマ評価で成功した例】

　実際にパノラマ評価で成長した社員の1人に、現在デイサービス事業の3店舗の現場責任者として活躍しているIさんがいます。Iさんは23歳で入社して、25歳で現場責任者になりました。当社の中では若手で非常に早い出世です。「パノラマ評価法」の基準を自らの行動基準として働くうちに、リーダーとしての資質がさらに磨かれたのです。

Iさんはもともと勉強熱心で自己肯定感が高く、将来は地元に帰って独立したいという思いで入社してきました。しかし、現場経験もマネジメント経験も少ないうえに、入社当初は「発言や考え方が自己中心的」といったスタッフからの評価もあり、すぐにリーダーとして登用することは難しいと感じていました。

　ところがその後、「パノラマ評価法」と1 on 1の面談を重ねることでIさんは急成長していきました。リーダーとしての心構えや考え方、「パノラマ評価法」の基準にもなっている会社の理念や行動指針、顧客・スタッフの笑顔や喜びに、自分の心の矢印を向けるよう1 on 1で伝えていった結果、みんなから支持されるリーダーに成長しました。

　1年半後には現場責任者に就任。5年経過した現在、3店舗をサポートする現場のリーダーとして活躍してくれていて、来春には新店舗オープンを任せています。

2．目に見えない貢献を「見える化」する

　第1章で説明しましたが、一方通行型人事評価の問題点は、公平性の担保が難しく、社員の不満につながっていることでした。

　そこで、**社員が辞めない人事評価で大切なのは、「目に見えない貢献を見える化」**することです。

　たとえば、上司や先輩の前では仕事をやっているフリをするけれど、上司の目が届かなくなると後輩に仕事を押しつけるといった社員はどこの企業にもいるものです。

　上司に上手にアピールして評価を上げていた社員や、先輩がするべき仕事までフォローしても評価されなかった社員など、上司には見えにくい、伝わりにくい社員の日頃の行動や貢献が、360度評価によって明らかになります。

3．社員の成長につながる

　管理職の社員に360度評価の導入を反対されたという経営者の話をよく耳にします。これまで部下を評価するだけだったのに、その部下から自分も評価されることに拒否反応を示す人は少なくないのです。

　しかし、多くの社員が納得できる公平性を担保するためには、360度評価の導入は必要不可欠です。

　私の経験上、**部下に評価されることで管理職の成長にもつながるというプラス効果が期待できます。**自らも評価対象となることで、仕事に取り組む姿勢を正すきっかけになるからです。

　また、これまで適当に部下を評価していた上司もいるかもしれません。そんな人も、自分自身は正しく評価されたいと思うのは当然なので、部下に対してもきちんと観察して正しい評価をするようになります。

　後述しますが、「パノラマ評価法」の評価基準は目に見える数値ではありませんし、欠点を探すものでもありません。

　自らの貢献や気づかなかった強みなど、称賛や感謝の言葉が部下や後輩からの評価コメントとして届きます。それらを伝えることで、**最初は難色を示した上司たちも前向きになり、成長するための原動力になるのです。**

実際に、上司に「助けられた」「いつも陰でサポートしてもらっている」と感じている社員は多いと思います。「パノラマ評価法」なら言葉だけでなく感謝の言葉や想いが文字として残るので、笑認された上司には、さらに部下を助けよう、サポートしようという気持ちが芽生えてきます。

評価方法②
貢献の見える化を促進する
「定量評価」と「定性評価」

定性評価を定量評価する

　「パノラマ評価法」の評価基準は売上などの目に見える
数値ではありません。たとえば、「誰からでも学ぼうとい
う姿勢がある」「上司やチームメンバー、同僚、後輩に思
いやり、気配り、優しさを忘れずに感謝の意を表し、報恩
に努めている」「担当する仕事に意義・目的を見出し、い
きいきと楽しく仕事に取り組んでいる」といった項目です。

　このように、基準としているのは「定性的」な項目です
が、評価のしやすさや評価のわかりやすさという点から、
結果は「定量評価」（数値化）を採用しています。

【定量評価】の評価方法

1. 評価対象者に対して、評価項目を４段階で評価（とて
   も良い・良い・もう少し・要改善）する。
2. 自分自身に対しても評価項目に回答し、自己評価する。
3. 自己評価の平均点、パノラマ評価（360度評価）の

平均点、グループ評価の平均点の３つの点数を比較して、最終的な評価を行う。

　特徴はあえて普通をなくしていることです。人間の心理として、普通を入れてしまうと、迷ったら「普通でいいや」と、適当かつ曖昧な評価になってしまうことが多いからです。

「定性評価」は記述式で

　定性評価も取り入れることで、人事評価の見直しポイントをより明確にできます。定性評価は記述式回答で、自由にコメントしてもらいます。

　たとえば、Ｂさんの「上司やチームメンバー、同僚、後輩に思いやり、気配り、優しさを忘れずに感謝の意を表し、報恩に努めている」という評価項目に対する定量評価が４の最高点だったとしましょう。Ｂさんの貢献度が高いことはわかりますが、定量評価だけでは具体的にどのような貢献をしてくれているのかまではわかりません。

　そこで、重要になるのが記述式回答の定性評価です。「後輩への指導がいつも丁寧でわかりやすいです」「困っているメンバーにいち早く声がけをしています」などと書かれていると、どのような貢献をして４という高評価につながったのかがわかります。

評価方法②　貢献の見える化を促進する「定量評価」と「定性評価」　　**65**

評価基準①
良い部分を評価し合う
「笑認」制度

あえて「長所だけ」を評価する

　「パノラマ評価法」の最大の特長は、評価基準の「笑認」にあるといっても過言ではありません。現にハートサービスグループでは、社員同士が「笑認」に取り組んでいます。

　「笑認」とは、「仲間の『良いところ探し』をして、笑顔で承認し合おう！」いう思いを込めて「笑顔」と「承認」をミックスしてつくった造語です。

　★笑認（笑顔＋承認）とは
　・人の存在・価値・強みや良いところを認めること
　・肯定的に人に関心を持ち、感謝し、共感すること

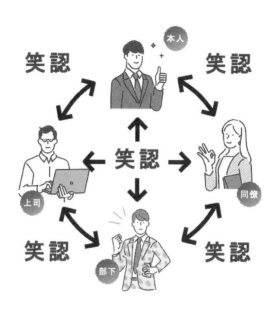

　前項で解説した「360度評価」は、すでに10年以上前から大企業で導入されている人事評価方法ですが、私はそのまま導入しても不十分だと感じていました。なぜなら、導入して失敗している企業をたくさん見てきたからです。失敗の原因は次の2点にあります。

1．主観や感情によって評価が変わる。
2．能力・改善点のみを評価基準にしている。

評価基準①　良い部分を評価し合う「笑認」制度

さまざまな視点から評価できる点において「公平性」の担保になる一方で、見る目が増えても主観や感情によって評価が変わるという懸念は依然としてありました。

また、評価基準が従来の人事評価同様に「短所探し」では、「目に見えない貢献の見える化」にも、「自己重要感」と「心理的安全性」の担保にもつながりません。

そこで私は、**評価基準をあえて「価値や強み、長所」に置くことにしました。「良いところ探し」「長所探し」という、これまでの人事評価とは真逆の評価基準です。**

最初から「良いところを評価する」と決めておけば、人は一生懸命に観察して長所を探すものです。また、私は**人と人が良い関係を築くための原点は「性善説」にあ**ると信じています。

これによって、「不当に低評価をする」ことや「とりあえず昨年と同じことを書いておけば波風が立たないだろう」といった感情をブロックすることができ、公平性は増します。

そして、日々頑張っている自分の姿や、自分でも気づかなかった強みや価値を評価されることで、間違いなく自己重要感と心理的安全性は満たされます。

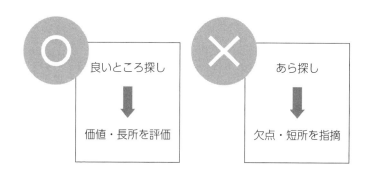

　「360度評価」でお互いに関心を持つようになり、「笑認」し合うことでお互いにプラスの感情が生まれれば、コミュニケーションは活性化し、職場には笑顔が広がります。そうして、**組織全体がポジティブになることで、安心してやりがいを持ち楽しく働ける環境**ができ上がります。

　良いところを探すということは、その人を肯定的に認めることにつながります。人を認めれば自分も認められます。そんな関係が構築できれば、自然と笑顔も増えていくものです。**日々、一緒に頑張っている仲間を「笑認」することで、見過ごされがちな個人の貢献にもスポットを当てることができます。**

　このように「360度評価」に「笑認」をプラスすることで初めて、「離職率１％」の組織づくりは実現するのです。

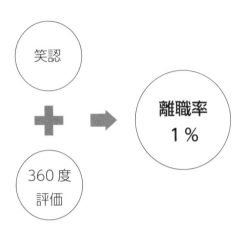

「笑認」はSNSの「いいね」のようなもの

「パノラマ評価法」を通して仲間を「笑認」することは、たとえていうならSNSで「いいね」(グッドボタン)を押すことに似ています。

本人を目の前にして褒めたり、感謝の言葉を口にしたりするのは照れくさいものです。しかし、SNSで「いいね」を押すように、人事評価を通して良い部分を伝えることは気軽にできるのではないでしょうか。SNSでは投稿者の何気ない日常の投稿にも「いいね」をしますよね。それと同じです。

現在では老若男女を問わず、幅広い世代でSNSが活用

されているので、「笑認」は若者から年配の社員まで受け入れられやすい評価基準だと思います。

　実際に当社では、「**笑認**」のおかげで20代から70代の社員まで、世代を問わずに良い関係が築けています。

　とくに20代の若手社員の離職はほとんどありません。みんなメキメキと成長し、30代になると会社の中核を担い活躍してくれています。非常に今後が楽しみな社員ばかりです。

評価基準②
「企業理念」を浸透させる

パーパス経営を可能にする評価基準

「企業理念」や「行動指針」を評価基準としているの
も、「パノラマ評価法」の特長の１つです。これにより、
社員全員が会社の進むべき方向に迷わず目を向けることが
できます。

会社の進むべき道とは、まさに「企業理念」（事業の目
的）です。組織の存在意義、事業を行う目的を社員全員が
共有することにより帰属意識が生まれ、社員の定着に大き
く寄与します。

そこで質問です。あなたの会社の社員は、自社の「企業
理念」を理解していますか？　たいていの会社は、企業パ
ンフレットや自社サイトで企業理念を明確に打ち出してい
ます。当然、社員は応募する前や面接の前にパンフレット
やホームページなどでこれらを見て、自身の考えと合致し
ているかどうかをチェックしているはずです。

しかし入社後、「企業理念」を意識して仕事に取り組ん
でいる社員はほとんどいないのではないでしょうか？

72　第２章　社員の貢献を「見える化」する「笑認」システム

ノルマなど「目標」を達成するために目の前の仕事をこなすことで精一杯になり、「なぜこの仕事をするのか」という本来の「目的」を忘れてしまっている社員が大多数です。

売上などの目標を掲げることも大切ですが、それ以前に「自分は何のためにこの会社で働いているのか？」「なぜこの商品・サービスを売っているのか？」という目的を置き去りにしてしまっては、社員の成長にはつながりません。社員自身が「結果の質」を求めてバッドサイクルに陥ってしまうからです。

そして、**多くの社員がバッドサイクルの循環に入ってしまったら、会社全体もうまく循環しなくなります。**

その結果、人によっては目標を達成した時点で気が抜けてしまったり、手の届かない目標を課せられてモチベーションが下がってしまったりと、離職につながる確率が高まるのです。

新しく入社してくる人たちの失望につながらないためにも、「企業理念」や「行動指針」の浸透は必須です。

たいていの人は、企業のホームページなどに書かれている「私たちの会社はこんな世界を目指しています」という想いに共感して、応募・入社してきます。

しかし、実際に入社してみたら先輩や上司がまったく違う行動や言動をしていたら、その想いとの乖離に失望して退

評価基準② 「企業理念」を浸透させる　**73**

職していくのです。

　新しい社員に定着してもらうためにも灯台下暗しにならないよう、企業が掲げている理念や行動指針、発信していることと、既存社員の行動を一致させることがとても重要です。

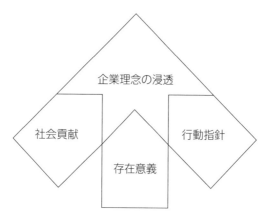

　「企業理念」や「行動指針」が浸透していないのは、社員のせいではありません。経営者自身が目的を置き去りにしている結果です。

　経営者は利益を求める前に、企業理念の重要性を認識し、社員に伝え続ける必要があります。それが、いわゆる「パーパス経営」につながっていきます。

パーパス経営
• 何のために会社を創設し、事業を行っているのか？ （企業理念） • 企業理念を実現するためには、社員にどのような行動 をとってほしいのか？（行動指針） • その結果、社会にどう還元していけるのか？（社会貢献）

「社員全員で企業理念を唱和しても離職率は下がりません」という声もあるかもしれません。その理由は、パーパスを周知しているだけで、浸透していないからです。

浸透するというのは、**会社の理念・行動指針が社員1人ひとりの行動・言動に反映されているかどうか**ということです。単に周知するだけでは、社員はどう行動につなげていけばいいのかわかりません。

当社の話をするならば、「パノラマ評価法」を取り入れる以前、そもそも明確な企業理念を掲げていない時期もありました。その後、企業理念をきちんと作成しましたが、社員に対してそれに基づいた行動やサービスを促すことはありませんでした。

しかし、人事評価を見直す中で、企業理念の重要さに気づき、評価基準を「企業理念」に設定することで、社員は理念に即した行動をするようになりました。経営者や上司

評価基準② 「企業理念」を浸透させる　**75**

を見て行動するのではなく、「企業理念」に照らし合わせて行動することが理想だと考えます。

つまり、「パノラマ評価法」は企業理念を社員に浸透させるためにも役立つのです。

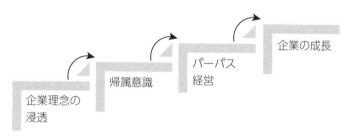

評価項目は企業理念を具現化したものにする

「企業理念」を人事評価に落とし込む方法は簡単です。評価項目を「企業理念」「行動指針」を具現化したモノに設定すればいいのです。

当社「ハートサービスグループ」を例に見てみましょう。

ハートサービスグループ　企業理念

"未来にワクワクと喜び"を創造し、一緒に働く仲間と大切なお客様、そこに関わるすべての方々に"笑顔"と"幸せ"を提供し続けます。

ハートサービスグループ　行動指針

1. 「未来志向」「奉仕の心」一緒に働く仲間がワクワクし、大切なお客様が喜ぶサービスをみんなで実現させよう。
2. 「プラス思考」起こることすべてを「チャンス」と思い、前向きな言動を心がけよう。
3. 「チャレンジ精神」できない理由ではなく「できる方法」を考えよう。
4. 「お陰様精神」「謙虚さ」「素直さ」を持って物事を受け入れよう。
5. 「ハッピーライフ」「メリハリ」をつけ、スイッチの切り替えをしよう。
6. 「フロンティア精神」現状がベストとは限らない。勇気を持って「開拓」「改善」しよう。
7. 「イメージトレーニング」常に「考える」習慣をつけよう。
8. 「YOLO」「Time is money」「人生一度きり」「時は金なり」時間を大切に使おう。
9. 「利他の心」「一期一会」縁あって出会った仲間を大切にしよう。
10. 「感謝の心」初心忘るべからず。「感謝の気持ち」を言動に表そう。

ハートサービスグループ　評価項目の例	
プラス思考 「前向き」	• いつも明るく、前向きかつ誠実に仕事に取り組み、一緒に働く仲間、お客様からの評判がいい。 • 諸問題に対し不可能な理由ではなく、可能にする方法から考える良い習慣があり、周りにも良い影響を与えている。
お陰様精神 「謙虚さ」 「素直さ」	• 人のせいにせず、上司・同僚・後輩・同事業メンバーからのアドバイス・意見等を素直に受け止め、改善に努めている。 • 一緒に働く仲間の成功・成長・貢献を素直に認め、共に喜び幸せの輪を広げている。
感謝の心	• 上司やチームメンバー、同僚、後輩に思いやり・気配り・優しさを忘れず感謝の意を表し、報恩に努めている。 • 関わるすべての方々(自身の親・家族・お客様・パートナー会社の方々等) に感謝し、報恩に努めている。

　人事評価の評価基準を「企業理念」と「行動指針」に置くことで、達成できることはたくさんあります。

・経営者自身が企業理念や行動指針を具体的に体現する内容が文章化できる

- 社員に企業理念を定期的に周知させることができる。
- 社員に理念に沿った具体的な行動を促すことができる。
- 社員の帰属意識を育てることができる。
- 会社も社員自身も社会に対してどう貢献できるのか、今後どう貢献していくべきなのかを知ることができる。
- お客様に対して、企業理念や想いが伝わるサービスの提供ができる。

　中小・零細企業の場合、明確な「企業理念」や「行動指針」を定めていないケースもあるかもしれませんが、社員の定着ならびに会社・社員の成長には必要不可欠です。これを機に会社の存在意義を真剣に考えてみてください。

数字に表れない仕事でも給料アップの方法が明確になる

　あなたは部下に「どうしたら給料が上がりますか？」と聞かれたら何と答えますか？　営業職など目に見える功績で評価できる職種なら、「契約を取って、売上に結びつく結果を出せ」と答えることができるでしょう。

　しかし、事務職などバックオフィスでサポート業務に従事する「縁の下の力持ち」の社員には何と答えればいいのでしょうか？　「これをすれば給料が上がる」と確約できるものは何もありません。

評価基準②　「企業理念」を浸透させる　　**79**

以前の私も「とりあえず目の前にある仕事をしっかり頑張れ」程度のアドバイスしかできませんでした。それでも、「すでに精一杯頑張っているんです。これ以上頑張りようがありません」といわれたら、こちらはもうアドバイスのしようがありません。
　「パノラマ評価法」なら、そんな質問に対しても職種を問わず明確な答えを提示することができます。

・「どうしたら給料が上がるか？」の返答事例
　「パノラマ評価法」を実施するようになって以降、実際に事務職のK君に「どうすれば給料が上がりますか？」と質問をされたことがありました。
　彼は結婚後間もなくして入社し、その２年後に子どもができたことを機にマイホームを購入。これから増えていくであろう子どもの教育費や家のローンを支払っていくには、今の給料では難しいと悩んでいたのです。

私は、K君にこう伝えました。

　「うちの会社は『企業理念』が評価基準になっているよね。まずそこを見直して、自分の言動を振り返ってみたらいいんじゃないかな。K君の日頃の言動は、みんな見ているし、きちんと評価してくれるはずだよ。評価が上がれば、次の人事で主任やマネジャーなどのポストに昇格することも可能になる。ポストが上がれば、役職手当もつく。みんなに認めてもらえるように努力するのはもちろん、自分自身でも高い評価をつけられるように努力してみたらどうだろう。そうすれば必ず結果は後からついてくる。みんなからの評価が上がれば、上司や会社側からの評価も上がり基本給等のベースも上げやすいよ」

　すると、K君は「わかりました。高い評価をもらえるように評価基準に照らし合わせて努力してみます」と納得してくれました。

　それからというものK君の勤務態度は大きく変化しました。「パノラマ評価法」には、「最近は責任感が感じられる言動や提案が増えて素晴らしい」や「積極的にコミュニケーションを取りにいく姿が見られます」などのコメントが寄せられるようになったのです。K君が自身の成長に向けて努力した姿がわかります。

　そしてK君の努力は実を結び、人事評価で仲間たちから高評価を受け、1年後には見事に福祉用具事業のフロント

主任に昇格することができました。

　「パノラマ評価法」では、表面だけをつくろっても高評価にはつながりません。一方通行型人事評価であれば、上司の前だけやっているフリを見せれば評価は上がるかもしれませんが、たくさんの人が評価する360度評価ではそれは不可能です。実際、バックオフィスや縁の下の力持ち的な職種のスタッフの評価の公平性と評価基準の設定は非常に難しいといえるでしょう。

　また、「給料を上げたい」という「結果の質」だけを求めていたら、高評価を得られないのも「パノラマ評価法」です。K君は本気で自分の言動を見直し、「企業理念」に則った行動で、いかに会社に貢献し、自分自身が成長できるかを考えたからこそ、仲間たちに「笑認」してもらえたのです。

評価の伝え方
見える形で「感謝」を伝える

評価の伝え方の詳細は第4章で解説しますが、その際の
ツールとして効果的な役割を果たすのが、「激励評価表
（賞状）」です。

繰り返しになりますが、人事評価を見直すうえでまず重
視したことは、私が現場に行かなくても「社員の貢献を
『見える化』すること」でした。

それを可能にしたのが、「パノラマ評価法」ですが、結
果を口頭で伝えるだけでなく、本当の意味で「目に見え
る」形で表したいと思いついたのが、「激励評価表」でした。

「激励評価表」とは、評価方法②で説明した「定性評
価」の記述式回答に寄せられた評価コメントを、「賞状」
という見える形にしたものです。つまり「激励評価表」に
は、仲間たちの「笑認」がぎっしり詰まっているのです。

社員に評価結果を伝えるときに一番大切なのは、日頃の
「感謝」を伝えることです。見える貢献、見えない貢献、
社員自身が気づかなかった強みや長所、当たり前と思って

していたことが他人には素晴らしい言動に映り、評価される。それら「笑認」と一緒に、経営者や上司は「いつもありがとうございます」という言葉をきちんと伝えます。

　賞状を渡されたときの社員たちの感動は、私が想像していたよりも何十倍も大きかったようです。

　Yさんは初めて「激励評価表」をもらったとき、感激して涙を見せてしまいました。仕事だけでなく、家事や子育ても頑張っているのに、それが当たり前になっていて日々の生活の中で感謝されることがあまりなかったそうです。

　それが、「激励評価表」には「家事や子育てを両立しながら、みんなをサポートしている姿、尊敬しています」と書かれてありました。彼女はパートスタッフながら、数多くの「笑認」を得ることで成長し、今では福祉用具事業のフロントマネジャーとして活躍しています。

　営業スタッフの人気者M君は、過去にもらった「激励評価表」をすべて大切に取ってあり、今でも時折り見返しているそうです。**自分が以前と比べてどれだけ成長したかがわかり、次に何を目標にするべきかが明確になる**といっています。

　デイサービスで活躍するⅠさんは落ち込んだときに「激励評価表」を見直すそうです。すると気持ちが前向きになり、頑張る原動力になるといいます。

84　第2章　社員の貢献を「見える化」する「笑認」システム

誰でも気持ちに波はあります。仕事で失敗したり、プライベートで悩みがあったりすると、やる気がなくなり仕事に意義を見出せなくなることもあるでしょう。そんなとき、**「心の報酬」といえる「激励評価表」は、受け取った人の自己重要感を高め、モチベーションを上げる役割も果たす**のです。

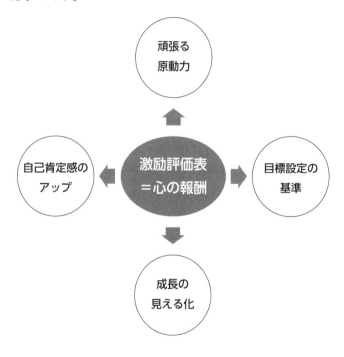

「パノラマ評価法」の二次効果 リファラル採用が増加する

「パノラマ評価法」には、嬉しい二次効果も期待できます。それは、リファラル採用の増加です。

職場の雰囲気、社員間の関係性が良くなった結果、「友人・知人を会社に紹介したい」という社員が増えたのです。

そもそも、社員に「楽しくて働きやすい、良い会社だ」と思ってもらえるように人事評価を見直した経緯がありますが、まさか「誰かに紹介したい、すすめたい」といわれるまでになるとは思ってもいませんでした。経営者の私にとっては大変な喜びです。

事前に社員から職場の話を聞いているので、「入社後のギャップを感じることがない」「すでに企業理念に共感してくれている」、そのため「定着率が高い」など、リファラル採用の利点は多々あります。

友人・知人のみならず、家族を紹介したいという社員もいます。企業理念は前述しましたが、じつは当社のビッグビジョンは「世界で一番働きたい会社」になること。その定義の1つが**「自分の子どもを入れたい会社」**です。まさ

にそのビジョンを実現してくれた社員がいます。

　フルタイムのパート社員として長年勤めてくれているＹさんから、「娘を採用してもらえないか」と相談を受けたのです。

　娘のＭさんは高校生のときに短期間、当社でアルバイトとして働いてくれていたことがあります。高校卒業後、大手ホテルに就職したのですが、さまざまな問題に直面し会社を辞めてしまい、家で塞ぎ込んでいるというのです。すでにＭさんのことは知っていたし、その働きぶりも評価していた私は喜んで採用しました。

　Ｍさんは現在とても生き生きと頑張って働いています。仲間からの評価も高く、母親のＹさんとともに親子で活躍してくれています。

　また、当社の介護サービスを利用してくださったご利用者のお孫さんが入社してくれたケースもあります。おばあさんの介護用品をサービス提供する営業責任者Ｋ君の仕事ぶりに感激してその恩返しがしたいと、お孫さんのＭさんから直接Ｋ君に連絡がありました。現在、Ｍさんはケアマネジャーとして活躍してくれています。

　「パノラマ評価法」によって社員の人間関係が良好になり、社員の意識が変わり、サービスの向上という行動の変

化が起こったことで、私が長年求め続けていた「人財の確保」という結果にもつながったのです。

リファラル採用の利点

- 入社後のギャップがなく、定着率アップにつながる。
- すでに企業理念に共感しているため、バーパス経営がしやすい。
- 採用コストを削減できる。

「パノラマ評価法」の活用法①
適材適所がわかるから
「人事異動」にも役立つ

　これまで解説してきたように「パノラマ評価法」は、すべての社員の会社に対する貢献を見える化して、正しく評価するためのものですが、**自分自身の評価や、「笑認」を基準とした定性評価によるコメントは、「人事異動」を検討する際にも非常に役立ちます。**

　ある部署で人手が足りなくなり、急きょ他部署から社員を異動しなければならない事態が発生したり、新事業を立ち上げるために、各部署から社員を異動する必要が生じたりしたとき、安易に人数の多い部署から異動させるといったことをしていませんか？

　このように適性を考慮せずに人事異動した結果、仕事が合わずに社員がやる気をなくしてしまうケースは少なくありません。逆に仕事が合わないのにずっと同じ部署に留まって働き続けているケースもあるでしょう。

　そういったケースでは仕事や人間関係などでトラブルが起きやすく、最悪の場合、会社に大きな損害が生じ

る、もしくは社員の離職につながることは往々にしてあるものです。

人事のミスマッチを防ぐためにも、個人の強みや長所を活かせる部署や仕事に就かせる、つまり社員の適材適所を見極めるのは経営者や上司の義務であり、仕事の効率を上げるためにも重要なのです。

● 人事異動の成功例

「パノラマ評価法」では社員の強みや長所が明らかになるので、当社では人事異動の際にも活用しています。それが見事にハマった人事異動の例をご紹介しましょう。

エステ事業からデイサービス事業所へ異動したY君です。当時、私は新たにデイサービス事業をスタートするうえで、7人の人財をピックアップしていたのですが、Y君はそのうちの1人でした。

Y君の場合、エステ事業の店長を務めており、エステ事業に向いていなかったわけではありません。ましてや介護の経験がなかったにもかかわらず、彼にデイサービス事業所に異動してもらったのは、まさに「パノラマ評価法」を見ての判断でした。

Y君の評価にはこんなコメントが数多く寄せられていたのです。

・周囲との関係性をつくるのがうまい。
・Ｙ君がいるだけで場が和み、ギスギスした雰囲気を中和してくれる。
・ムードメーカーとしてありがたい存在。

　エステ事業よりも、介護事業のほうがマッチしていると思いませんか？　もちろん、こちらがどんなに適材適所と思っても、本人にやる気がなければ意味がありません。
　ありがたいことにＹ君は異動の話にとても興味を持ち、実際に介護の仕事がピタリとハマったらしく、新たな職場で生き生きと働き始めました。
　学習意欲も高いＹ君は、３年後には介護福祉士の資格を取得。メキメキと頭角を現わし、次々とスキルアップ、ステップアップを果たしたのです。

　新事業にＹ君を選んだ理由は個人の適性だけではありません。前述したように、デイサービス事業を始めた際、私は７人のスタッフの異動を考えていたのですが、彼はムードメーカーとしても力を発揮してくれると思ったのです。
　デイサービス事業所はオープニングスタッフということもあり、ほとんどの社員は面識がありませんでした。彼の性格なら、周囲とうまくコミュニケーションをとりながら全体をまとめていく、重要な役割を果たしてくれるだろう

と期待したのです。

　Y君は見事にその期待に応えてくれ、スタッフの潤滑油になってくれました。現在では、新事業の訪問介護事業の責任者として活躍しています。

　私は、各事業所にY君のようなムードメーカー的な存在を必ず配置することにしています。「パノラマ評価法」を実施すると、多くの評価コメントで「○○さんは信頼できます」「○○さんがいると雰囲気が良くなります」「ムードメーカー的存在」と書かれる社員がいるものです。そういった人をチームに1人選抜することで、職場の人間関係のバランスは一気に良くなり、「グッドサイクル」ができ上がる確率が高くなります。

　もちろん最低限の仕事のスキルは必要ですが、スキル以外の個性も才能であり、立派な能力です。私はその貴重なメンバーを「中和マン・中和さん」と呼んでいます。

　このように、評価コメントから見えてきた社員1人ひとりの強みを人事異動に活かせば、個人にとっても組織にとってもプラスに働く配属が可能になるのです。

個人の
強み・長所が
わかる

人事の
ミスマッチを
防げる

人事異動に
役立つ

仕事の
効率が
上がる

人間関係の
トラブルが
減る

「パノラマ評価法」の活用法① 適材適所がわかるから「人事異動」にも役立つ

「パノラマ評価法」の活用法②
「コンプライアンス違反」を
未然に防ぐ

　昨今、企業に対して厳しくコンプライアンスの徹底を求める傾向が強くなっています。内部不正やハラスメントなど、コンプライアンス違反で世間を騒がせる企業も少なくありません。

　不祥事が表沙汰になれば、企業のイメージダウンは必至です。とくにサービス業の場合、顧客からの信用をなくすことにつながり、企業の存続にまで影響しかねません。

　介護業界でも、スタッフによる施設利用者様への虐待などが時折りニュースになります。こういった事件を未然に防ぐ努力は必要不可欠です。起きてからでは遅いのです。とはいえ、おおっぴらに不正を行う人はいないので、表に現れにくいのも事実です。「パノラマ評価法」はそんなケースにも活用できます。

　「パノラマ評価法」では、評価項目に対して、「4．とても良い」「3．良い」「2．もう少し」「1．要改善」の4段階で定量評価します。

94　第2章　社員の貢献を「見える化」する「笑認」システム

これまでの経験上、「1．要改善」と評価される社員は多くありません。なぜならば、「パノラマ評価法」は仲間の「良いところを探す」という「笑認」に特長があるからです。そのため、「1．要改善」と評価されるのは極めてまれなケースです。

　評価者と評価対象者の関係に問題が生じている場合もありますが、ほとんどは評価対象者自身の問題です。だから、「1．要改善」の評価がついた社員に対しては、定性評価のコメントもあわせて注視しています。

　一例として、定量評価が「1．要改善」のうえに、定性評価にこんなコメントが書かれていた社員がいました。介護現場で働いていたスタッフです。

　「ご利用者様に対する態度に威圧感があり、言葉遣いが少し上からでハラハラします」と、具体的な問題点が指摘されていたのです。

　現場に足を運ぶことが少ない私にとって、とても貴重な情報でした。こういったスタッフの問題行動がエスカレートして、大きな問題につながるケースも考えられるからです。

　私はそのスタッフを見守り、目に余る言動が目についたら注意し、最悪の状況を防ぐためにすぐに直属の上司とともに面談の機会を持ち、スタッフの考え方や行動改善について話し合う場を設けました。

「パノラマ評価法」の活用法②　「コンプライアンス違反」を未然に防ぐ　　**95**

極端な低評価やコメントがついている場合、評価後に行う1 on 1（詳細は第4章を参照）の面談で直接話をすることで、実際の状況や何かしらの改善策を考えることができます。

　評価基準が「笑認」である「パノラマ評価」においてネガティブな評価がつくことは、よほどのことがあると考えられます。

　異変に気づいても、会社に口頭で訴えるのはハードルが高いことですが、「パノラマ評価法」を通せば、現場からのアラートとして伝えやすくなります。

　「現場で今、何が起きているのか」を「見える化」できる「パノラマ評価法」は、会社のリスク管理にも役立つのです。

　もちろん、あのまま放っておいても、スタッフが利用者様への虐待などコンプライアンス違反を犯したかどうかはわかりません。しかし、不穏を察知したなら、スタッフに配慮しながらも早急に対処するに越したことはないのです。

第 **3** 章

「パノラマ評価法」の
策定&実施ステップ

「パノラマ評価法」の
7つのステップ

　第3章では実際に「パノラマ評価法」を策定・実施するための手順を解説していきます。

　「パノラマ評価法」の最大の目的は一緒に働く仲間を「グッドグラス」（笑認）で見る習慣を身につけて良い関係を築くことと、企業理念・行動指針を意識した思考の質を高めることです。常にこれらを意識することで、「パノラマ評価法」は会社および社員の成長に大きく寄与します。

　それでは、さっそく大まかな流れを紹介していきましょう。

ステップ	概要
【ステップ①】 評価カテゴリー・項目の策定	・改めて企業理念・行動指針を確認する。企業理念がない場合は、会社創業の目的・目指すビジョンに向けて策定する。 ・評価基準に則り、評価カテゴリー・項目を策定する。

【ステップ②】 評価方法の設定と 評価表の作成	・評価方法は「定量評価（4段階）」と「定性評価（記述式）」の2種類を設定する。 ・必要事項を網羅した評価表を作成する。
【ステップ③】 「パノラマ評価法」 導入の目的を社員に 周知	・企業理念や行動指針とともに、「パノラマ評価法」を導入する目的を伝え、社員に周知させる。
【ステップ④】 グループ分けして 社員に評価表を配布	・部署やチームごとなど、評価し合うグループを決める。 ・改めて社員に「パノラマ評価法」の目的を伝え、評価表をペーパーで、もしくはデータをメールなどで配布する。
【ステップ⑤】 「パノラマ評価法」の 実施	・「定量評価（4段階）」で、自己評価、パノラマ評価（360度評価）をする。 ・「定性評価（記述式）」で、パノラマ評価を自由に記入する。
【ステップ⑥】 評価表を集計して フェイスシートを作成	・「定量評価」（自己評価、パノラマ評価、グループ評価の平均点）を集計して、フェイスシートを作成する。 ・各社員の評価内容を確認する。

「パノラマ評価法」の7つのステップ　　**99**

| 【ステップ⑦】
激励評価表を作成 | ・「定性評価」の評価コメントをまとめて「激励評価表（賞状）」を作成する。
・上司からの期待のコメントを添える。 |

　各ステップについて詳しく説明していきますが、表計算ソフトなどを使った自社オリジナルの「パノラマ評価法」を策定する流れとともに、イメージしやすいように『パノラマ人事評価システム360』を使用した手順もあわせてご紹介します。

　システムを利用することで、評価表の作成や実施の際の入力、実施後の集計作業、フェイスシートや激励評価表の作成がすべて自動でできるので、人事評価を効率化できるメリットがあります。

【ステップ①】
評価カテゴリー・項目の策定

「パノラマ評価法」の実施が決定したら、まずは評価カテゴリー・項目の策定を行います。

これまで説明してきたとおり、「パノラマ評価法」は「企業理念」や「行動指針」を評価基準としています。当然、評価カテゴリー・項目は、それらに則った内容にする必要があります。

策定は、経営者もしくは経営陣・責任者が行うのが望ましいでしょう。

策定は経営者（経営陣）が行う！

社員に「パノラマ評価法」の導入目的を理解してもらうためにも、評価の精度を上げるためにも、経営者が企業理念と向き合うことはとても重要です。

企業理念が自社の現状や時代と合わなくなっていない
か、創業者の想いを忘れてはいないかなど、改めて会社の
存在意義を確認するよいきっかけにもなります。

　企業理念や行動指針がないという中小・零細企業も多い
かもしれませんが、これを機に、ぜひ策定することをおす
すめします。企業の成長には、社員が企業と同じ目的を
持って、同じ方向に進んでくれること（パーパス経営）が
必須だからです。

企業理念の見直しポイント

・会社の存在意義を改めて確認する
・現状や時代とマッチしているか確認する
・創業者の想いも忘れない

　まずは、評価カテゴリー・項目策定がイメージしやすい
ように、当社「ハートサービスグループ」の例をご紹介し
ましょう。

　103ページがハートサービスグループの企業理念・行動
指針、104〜105ページがこれらを基準に策定した評価カ
テゴリー・項目です。

ハートサービスグループ企業理念
－ ミッション －

私たちハートサービスグループは、

未来に"ワクワク"と"喜び"を創造し

一緒に働く仲間と大切なお客様

そこに関わる全ての方々に愛をもって

"笑顔"と"幸せ"を提供し続けます。

"地域密着""ワクワクと喜び"を合言葉に、たくさんのお客様に愛され、地域に生涯存在してほしい企業として貢献すると同時に、働く仲間と幸せを共に喜び、分かち合える企業でありたい。
それがハートサービスグループの企業理念です。

ハートサービスグループ従業員行動指針

1.「未来志向」「奉仕の心」 一緒に働く仲間がワクワクし、大切なお客様が喜ぶサービスをみんなで実現させよう

2.「プラス思考」 起こること全てを「チャンス」と思い、前向きな言動を心がけよう

3.「チャレンジ精神」 出来ない理由ではなく、「出来る方法」を考えよう

4.「お蔭様精神」「謙虚さ」「素直さ」を持って物事を受け入れよう

5.「ハッピーライフ」「メリハリ」をつけ、スイッチの切り替えをしよう

6.「フロンティア精神」 現状がベストとは限らない。勇気を持って「開拓」「改革」しよう

7.「イメージトレーニング」 常に「考える」習慣をつけよう

8.「YOLO」「Time is money」「人生一度きり」「時は金なり」時間を大切に使おう

9.「利他の心」「一期一会」縁あって出会った仲間を大切にしよう

10.「感謝の心」 初心忘るべからず。「感謝の気持ち」を言動に現わそう

【ステップ①】評価カテゴリー・項目の策定　**103**

NO	カテゴリー名	
1-1	理念・行動指針	ハートサービスグループの経営理念【ワクワクと喜び】【笑顔と動をしている
2-1	素直	お客様・ご利用者様からの指摘・アドバイス等を真摯に素直に
2-2	素直	人のせいにせず、上司・同僚・後輩・同事業メンバーからの
2-3	素直	日々の業務上のミス・誤りを隠したりごまかしたりせず、すぐに
2-4	素直	他のスタッフの成功・成長も素直に認め、共に喜び幸せの輪を
3-1	前向き	いつも楽しく・前向きかつ誠実に仕事に取り組み、一緒に働く
3-2	前向き	困難な状況・問題にあったってもメゲることなく、前向きに
3-3	前向き	不可能な理由ではなく、可能にする方法から思考する良い
3-4	前向き	担当する仕事に意義・目的を見出し、イキイキと楽しく仕事に
3-5	前向き	他人の誹謗中傷や噂話を決してせず、良いところを見つけて
3-6	前向き	「でも・・・」「だって・・・」「どうせ・・・」等のネガティブ
4-1	責任感	出勤、会議、ミーティング、現場において遅刻がなく、書類等の
4-2	責任感	スピードにこだわり、やるべきこと、依頼されたことに対し
4-3	責任感	採算意識を強く持ち、最後まで責任を放棄することなく、
4-4	責任感	他のスタッフのミス・課題を一緒になって考え、問題解決の
5-1	礼節	誰にでも尊敬の心を持ち、組織の秩序を意識した節度ある

評価基準

幸せ】・行動指針【10箇条】を体現し、事業所ミッションを仕事の判断基準としている行

受け止め、素直に理解と自身の改善に努めている

アドバイス・意見等を真摯に素直に受け止め、改善に努めている

正直に報告・連絡をし、解決している

広げている

仲間・お客様・パートナー会社からの評判が良い

解決策を探り、実行している

習慣があり周りにも良い影響を与ている

取り組んでいる

伝える素晴らしい習像がある

ワードを言わず、前向きな良い言葉を発している

提出期限・納期を守る

すぐに行動できる

ミッションを完遂するための努力をしている

支援をしている

言動を取っている

【ステップ①】評価カテゴリー・項目の策定　　**105**

No.1のカテゴリーは「理念・行動指針」そのものです。「ハートサービスグループの経営理念である【ワクワクと喜び】【笑顔と幸せ】・行動指針【10箇条】を体現し、事業所ミッションを仕事の判断基準としている・行動している」という項目を最初に設定しています。

No.2のカテゴリーは「素直」ですが、2-4の「他のスタッフの成功・成長も素直に認め、共に喜び幸せの輪を広げている」は、企業理念の「働く仲間と共に喜び、分かち合える企業でありたい」に沿った項目になっています。

No.3のカテゴリーは「前向き」で、3-2の「困難な状況・問題にあたってもメゲることなく、前向きに解決策を探り、実行している」は、行動指針の2「プラス思考　起こること全てを『チャンス』と思い、前向きな言動を心がけよう」に沿ったものとして策定しています。

このように、評価カテゴリー・項目は、企業理念・行動指針と連動させて策定していきます。「パノラマ評価法」のステップの中で、もっとも悩むポイントです。

改めて企業理念と向き合わないことには、大多数の経営者（責任者・管理者）は評価カテゴリー・項目を策定することは難しいといえるでしょう。

じつは企業理念を熟知している経営者は少なく、何も項目が出てこない、評価基準とズレた項目内容になってしま

うなど、正確な人事評価につながらないケースがままあります。社員に「パノラマ評価法」の導入目的を理解してもらうためにも、経営者が企業理念と向き合うことはとても重要です。

　大変な作業ではありますが、時間をかけてしっかりと策定することで、離職率を低下する人事評価が可能になります。適正な評価を行うためにも、適正な評価項目をつくりましょう。

経営者は改めて「企業理念」と向き合う！

　評価カテゴリー・項目策定のポイントは次の6つです。

【評価カテゴリー・項目策定のポイント】

①最初にカテゴリーを決めてから項目を考える。
②項目数は答えやすさと計算しやすさを考慮する。
③前向きな言葉、誰にでもわかる平易な言葉を使う。
④能力を問う項目は極力避ける。
⑤評価グループごとに項目を変える。
⑥定期的に項目を見直す。

【ステップ①】評価カテゴリー・項目の策定

①最初にカテゴリーを決めてから項目を考える

いきなり項目を考えるのは難しいので、まずはいくつかのカテゴリーを設定します。

カテゴリーは、企業理念や行動指針でポイントになっている単語（キーワード）やフレーズを抜き出すイメージです。

当社の例でいうと、「素直」や「前向き」などです。これらを基に「社員にどのような行動をとってほしいか」をイメージしながら項目を考えます。1カテゴリーにつき、1つ以上の項目を設定します。

②項目数は答えやすさと計算しやすさを考慮する

作成する項目は25個を目安にするのがおすすめです。定量評価が4段階評価なので、25項目×4点でちょうど100点満点になります。

50項目を超えるなど、あまりにも多すぎると、評価する社員は苦痛になってしまうし、評価をまとめる管理者も集計に時間がかかりすぎてしまい、全員が「パノラマ評価法」にマイナスな気持ちを抱いてしまいます。**項目数の設定も正しい評価に直結するので、十分に検討してください。**

③前向きな言葉、誰にでもわかる平易な言葉を使う

「パノラマ評価法」は、社員のポジティブな面を評価し

ます。そのため、あら探しのようなネガティブな表現は避けましょう。

　一般的に企業理念や行動指針は前向きな言葉で語られていることが多いので、それらを正確に落とし込むことで、自ずとポジティブな表現になるはずです。

　また、「誰にでもわかるような平易な言葉を使う」ことも大切です。質問の意味が正確に伝わらなければ、評価が適当になってしまう可能性があります。

　そして、語尾は「〇〇をしている」「〇〇ができている」と自分がポジティブに取り組んでいるイメージを描ける言葉にすることが重要です。ポジティブなイメージを描くことにより、評価メンバーへのコメントがより多く出ることにつながります。

④ 能力を問う項目は極力避ける

　「パノラマ評価法」は、基本的にコンピテンシー（能力）評価ではありません。能力に関する評価項目はなるべく避けましょう。

　「できる・できない」といった仕事のスキルを問う項目は、個人の働く姿勢を評価するという本来の目的から外れたものになってしまうからです。

　ただし、階層によってはそういったカテゴリーも必要なケースはあるかもしれません。その際にはきちんと目的を

【ステップ①】評価カテゴリー・項目の策定　　**109**

社員に伝えましょう。

⑤ 項目評価グループごとに項目を変える

　評価グループごとに項目を変えるのもおすすめです。評価グループについてはステップ④で説明しますが、たとえば営業部であれば、数値に表れる評価項目を設定するという考えもあるかもしれません。

⑥ 定期的に項目を見直す

　評価項目は定期的に見直して修正します。「時間をかけてしっかりと評価カテゴリー・項目を策定しましょう」と前述しましたが、最初の段階でなかなか項目が出ない理由として、完璧な評価項目をつくらなければいけないといった気負いも影響しています。項目が決定しなければ、いつまでたっても「パノラマ評価法」を導入できません。

　項目は永久に固定するものではありませんし、逆に定期的に変更が生じるのが普通です。

　当社でも半年に一度の頻度で見直し、都度アップデートしています。考えすぎず、まずは自由に案を出してみましょう。

① カテゴリーを決めてから、項目を考える

↓

② 項目数は答えやすさと計算しやすさを考慮する

↓

③ 前向きな言葉、誰にでもわかる平易な言葉を使う

↓

④ 能力を問う項目は極力避ける

↓

⑤ 評価グループごとに項目を変える

↓

⑥ 評価項目は定期的に見直す

【ステップ②】
評価方法の設定と評価表の作成

　次に評価方法を設定します。「パノラマ評価法」では、「定量評価」と「定性評価」の2種類の評価方法を併用することで、「見えない貢献の見える化」や社員の「自己重要感」「心理的安全性」を担保します。「定量評価」はパノラマ評価（360度評価）だけでなく、自己評価も行います。

4段階の定量評価

　定量評価は「4.とても良い：3.良い：2.もう少し：1.要改善」の4段階で、選択は1つとします。

　あえて「普通」は設けません。なぜなら、「普通」を入れてしまうと、迷ったときに無難に「普通」を選んでしまい、適当な評価になってしまうことが多いからです。

　詳細はステップ⑥で解説しますが、定量評価によって、自己評価、パノラマ評価（360度評価）、グループ評価の3種類の評価を出します。

112　第3章　「パノラマ評価法」の策定＆実施ステップ

「普通」の選択肢はつくらない！

　定量評価のポイントとして、選択肢に「評価対象外」を設けることもおすすめです。これは、評価対象者がかかわっていない評価項目に対して使います。たとえば「社員会議に積極的に参加し、意見を発することができる」という項目があった場合、ふだん会議に出席しないパートスタッフに対する評価はできません。

　「評価対象外」を設けることによって、項目策定の際にすべてのスタッフに該当する項目にしなくてはいけないといった縛りがなくなり、策定がスムーズに進みます。ちなみに、「評価対象外」の項目は平均点の計算には加算しません。

　※「パノラマ人事評価システム360」は、1〜4、評価対象外のいずれかをクリックするだけで、スピーディに評価を入力することができます。

評価対象者 ： **高安さん**

❶ 理念・行動指針 について

1　経営理念・行動指針を理解し、事業所ミッションを仕事の判断基準としている行動している

❷ 礼節 について

1　自分から率先して笑顔で元気よく挨拶をしている

2　日常のあらゆる場面で、スタッフ同士・お客様に笑顔で感じ良く接している。良いムードメーカーなっている

❸ 感謝 について

1　感謝の気持ち・お詫びを常に表現し「ありがとう」「ごめんなさい」などがしっかり言える

2　上司やチームメンバー、同僚、後輩に思いやり・気配り・優しさを忘れず感謝の意を表し、報恩に努めている

❹ チームワーク について

1　他のスタッフと常に協調性を保ち和を大切にして働いている。

評価者 ： **ビッグボス　さん**

評価点　4とても良い　3良い　2もう少し　1要改善

とても良い	要改善

○　4
とても良い　　○　3
良い　　○　2
もう少し　　○　1
要改善　　　●　評価対象外

とても良い	要改善

○　4
とても良い　　○　3
良い　　○　2
もう少し　　○　1
要改善　　　●　評価対象外

○　4
とても良い　　○　3
良い　　○　2
もう少し　　○　1
要改善　　　●　評価対象外

とても良い	要改善

○　4
とても良い　　○　3
良い　　○　2
もう少し　　○　1
要改善　　　●　評価対象外

○　4
とても良い　　○　3
良い　　○　2
もう少し　　○　1
要改善　　　●　評価対象外

とても良い	要改善

○　4
とても良い　　○　3
良い　　○　2
もう少し　　○　1
要改善　　　●　評価対象外

【ステップ②】評価方法の設定と評価表の作成　　**115**

2種類の定性評価

定性評価は記述式で、「評価コメント」と「飛躍コメント」の2種類を設けます。自己評価はせず、パノラマ評価のみ行います。以下のような内容でコメントを書いてもらいます。

「評価コメント」……評価対象者に対して感じる「強み」「素晴らしい点」や「感謝」の言葉

「飛躍コメント」……「こうすれば今よりもっと良くなる」と感じる点

当社では「評価コメント」「飛躍コメント」としていますが、内容が伝われば問題ないので、コメント名は自社のカラーに合ったものを自由に設定してください。

じつは、当初「飛躍コメント」ではなく「改善点」とネーミングしていました。その結果、言葉のイメージに影響されてか、社員のコメントが評価対象者の「過去」の言動についてのマイナス面ばかりを拾ってしまうという事態が起こりました。

たとえば、「○○さんはいつも出社時間がギリギリで1日の段取りが悪い」「言葉遣いがきつく聞いていて気分が悪い」などです。

これでは、新しい人事評価の目的が達成できないので、「改善」を「飛躍」に変えたところ、「未来」を見据えて「こうすれば、もっと良くなる！」というポジティブな言葉でのコメントが増えました。

　言葉の選び方１つで印象が変わります。**社員がより良い未来に向けて飛躍できるコメントを促す、前向きなネーミングにするのがポイントです。**

ネーミングはポジティブな言葉で！

※「パノラマ人事評価システム 360」では、フォーマットに直接書き込めるシートを用意しています。音声入力にも対応しているので、タイピングが苦手・面倒という社員や時間がない社員も気軽に取り組めます。

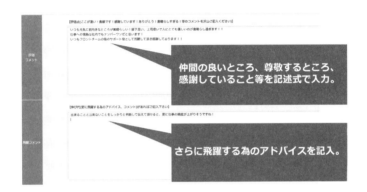

評価表の作成

評価カテゴリー・項目が決定したら、評価方法を念頭に、「パノラマ評価表」を作成します。企業理念・行動指針と、評価項目を一覧にした評価表を作成することで、社員は目的を理解できます。

※「パノラマ人事評価システム 360」を利用することで、評価カテゴリー・項目一覧を作成する手間が省けます。

【パノラマ評価表の例】

パノラマ評価表

［企業理念］

［行動指針］

評価カテゴリー・項目			
No.	カテゴリー	項目	評価
			4・3・2・1・対象外
			4・3・2・1・対象外
			4・3・2・1・対象外
			4・3・2・1・対象外
			4・3・2・1・対象外
			4・3・2・1・対象外
			4・3・2・1・対象外
			4・3・2・1・対象外
			4・3・2・1・対象外
			4・3・2・1・対象外

【ステップ②】評価方法の設定と評価表の作成　**119**

【ステップ③】
「パノラマ評価法」導入の目的を社員に周知

　「パノラマ評価法」の大枠が決定したら、社員全員に周知します。文書による通知はもちろん、説明会などの場を設け、「パノラマ評価法」を導入する意義や目的をしっかり伝えてください。

　一方通行型人事評価や一般的な360度評価とは異なるので、質疑応答の場を設けるなどして、社員の疑問点や不安点を解消しておきましょう。

　目的が社員に理解されないと評価の精度に影響が出てしまいます。ステップ③は重要なプロセスです。

社員の理解度が評価の精度を左右する！

　責任者も部下から評価される、部下も上司を評価するという点において、戸惑いを覚える人は少なくありません。

まずはこれまでの人事評価とは何が違うのか、「パノラマ評価法」の概要やメリットについて理解を深めてもらいます。

これまでの人事評価との違い

- 企業理念・行動指針を評価基準とし、それに沿った行動をしているかを、社員同士で評価し合うこと。
- 社員が日頃どのように働いているか、これまでの隠れていた貢献を「見える化」できる人事評価であること。
- それによって、今まで以上に公平な評価が可能になること。
- お互いの良い部分を見つけて認め合う「笑認」が最大の特長であり目的であること。
- パノラマ評価（360度評価）だけではなく、自己評価も行うことで、自己評価と他者からの評価の差異の確認と自身の成長も把握できること。

　また、次ページの説明例も疑問点や不安点として挙がりやすいので、事前に説明しておくと社員の安心材料になります。

　ただし、これらはあくまでも例です。自社の状況に合わせて、疑問点を想定しておきましょう。

【ステップ③】「パノラマ評価法」導入の目的を社員に周知　　**121**

パノラマ評価法の説明例

- 評価結果を把握する人……経営陣、または管理部門など、一部のみが評価を把握できる。
- 評価結果の伝え方……1 on 1の面談で、本人に直接伝える。
- 処遇への反映の仕方……定量評価の平均点の推移を手当に反映する。たとえば「役職手当」「社内貢献手当」など。あくまで貢献と理念の体現を見える化する仕組みのため、給与や賞与の参考評価にしはしても、昇格人事後の役職手当に反映するのがおすすめ。
- 評価する人の範囲……社内全員ではなく、ふだん一緒に働いている部署やグループ、チームごとに行う。

【ステップ④】
グループ分けして社員に
「パノラマ評価表」を配布

　社員に周知したら、評価グループを決めて評価表を配布します。

評価グループを決める

　社員数が20名を超える会社の場合、全社員を評価するのは時間的にも正確性からも難しいので、あらかじめ評価グループを設定しておきます。

　その際に気をつけるべきことは次の4点です。

1. 仕事でかかわっているチームメンバー同士をグルーピングする

　部署やチーム、支社、店舗ごとなど、仕事でかかわっている社員同士をグループ化して、その中で相互評価します。身近な社員同士なら、より仕事ぶりを正確に評価することができます。

【ステップ④】グループ分けして社員に「パノラマ評価表」を配布　**123**

２．最少人数を５人以上にする

　評価グループの人数は５人以上が理想です。４人以下だと、誰の評価なのかを特定しやすくなるからです。

（※原則、評価点数、飛躍コメントは開示しません）

３．異なる立場（役職）の社員をグルーピングする

　360度評価を前提にしているので、少人数グループの場合でも極力立場の異なる社員同士をグループ化しましょう。多くの視点で評価することが、「パノラマ評価法」の精度を上げるコツです。

４．評価を管理する人はグループに加えない

　評価を管理する人として、経営者や幹部、部長や人事部員などが想定できますが、これらの人はグループに加えないでください。評価者たちが正当な評価やコメントができなくなる可能性があるからです。管理している社員が入っているグループは、別な人を管理者に立てましょう。

ビッグボス　様　が評価をするリスト一覧です。

評価期名称	評価グループ名称	名前
パノラマデモ配信	幸課	ビッグボス　★自己評価
パノラマデモ配信	幸課	平野
パノラマデモ配信	幸課	竹下
パノラマデモ配信	幸課	高安

評価管理者のグルーピングには要注意!

※「パノラマ人事評価システム360」では誰が誰を評価するのか簡単に設定できます。下の図では、評価者が「ビッグボス」、その下の一覧が評価対象者です。自身も評価対象になっています。それぞれに設定されている「評価する」をクリックすると、評価対象者の評価画面に飛ぶシステムになっています。

ポイント計	評価期限	評価	確認
0	2024/12/02	評価する	評価確認
0	2024/12/02	評価する	評価確認
0	2024/12/02	評価する	評価確認
0	2024/12/02	評価する	評価確認

【ステップ④】グループ分けして社員に「パノラマ評価表」を配布

評価表を配布する

　グループ分けが済んだら、評価表を社員に配布します。印刷した用紙を配る、データをメール等で送付するなど、配布方法は自由ですが、「社員が回答しやすい」「管理者が結果をまとめやすい」の2点を配慮しましょう。

　配布する際に、もう一度「パノラマ評価法」の目的を社員に伝え、さらに理解を深めてもらいます。しつこいようですが、評価の精度を上げて離職率低下を目指すために重要なので、社員にも再三伝えてください。

　また、締切日を明確に伝えることも重要です。目安は10日～2週間。期間が短すぎると、繁忙期などは実施する時間がとれないこともあるかもしれません。また、長すぎると実施自体を忘れてしまうこともあります。締切日の3日前、および当日にリマインドメールを送るなどの対策も必要です。

評価表を配布する際のポイント

- 配布方法は自由だが「回答しやすさ」と「まとめやすさ」を考慮する。
- 改めて社員に「パノラマ評価法」の目的を伝える。
- 締切日を明確に伝える。

※「パノラマ人事評価システム 360」の場合、URL を発行し、クリックするだけで評価表に入れる仕組みになっています。また、ID、パスワードを付与して、QR コードを添付することで、スマートフォンなどからでもアクセスでき、評価者はスムーズに回答することがきです。

【ステップ④】グループ分けして社員に「パノラマ評価表」を配布　　**127**

【ステップ⑤】
「パノラマ評価法」の実施

いよいよ、社員に「パノラマ評価法」を実施してもらいます。

ステップ③でも説明したとおり、評価項目に対しては4段階で定量評価します。記述式の「定性評価」(評価コメントと飛躍コメント)については、どのように回答すればよいのかわからない社員も出てくるかもしれません。

ポイントや具体例など、社員がイメージしやすい工夫をすることで、より精度の高い回答が寄せられます。

また、評価後に実施する1on1の面談で、各社員に評価結果を伝えますが、その際に自分が嬉しいと感じた他者からの言葉を参考にするなど、とくに実施してからの数回は会社側からの丁寧な説明を心がけてください。

「定性評価」の書き方は丁寧に説明する!

評価コメントを書く際のポイント①

- 「ここがすごい!」「素敵だ!」「ありがとう!」などの「尊敬」や「感謝」を言葉にする。
- 実際にあったエピソードを絡めて書く。
- 上手に書く必要はない。気持ちを素直に表す。

【評価コメント】の具体例】

- 「いつも受付業務ありがとうございます! いろいろな人が飛び込みで来店されますが、笑顔で対応してくださり本当に感謝しています」
- 「子どもが熱を出したとき、快くシフトを代わってくれて本当に嬉しかったし助かりました。ありがとうございました!」
- 「〇〇さんが上司でサポートしていただけるから、今の私があると思っています。一緒に働けることに感謝の気持ちでいっぱいです」

【ステップ⑤】「パノラマ評価法」の実施　**129**

評価コメントを書く際のポイント②

- 未来に向けて飛躍できるような前向きな言葉で書く。
- とくに伸び代を見つけて伝える。
- みんながさらに良くなる具体的な行動を書く（あなたが成長するとみんなも良くなるというイメージ）。

【飛躍コメントを書く際のポイント】

・「できることとできないことをしっかりと判断して伝えていただけると、さらに仕事の精度が上がりそうですね！」
・「もう少し余裕を持って出勤すると、1日のスタートがバタバタせずに段取り良くスケジューリングできると思います」
・「個人の能力はものすごく高いので、みんなへの関心と〇〇さんのノウハウの共有ができると、きっと素晴らしいマネジャーになれると思います」

　定性評価は、自己重要感や心理的安全性、人間関係の質をアップさせるために重要な部分なので、気持ちを込めて書いてもらえるように働きかけてください。
　「評価コメント」も「飛躍コメント」も、考えている間は評価対象者についてじっくり振り返る時間です。こういった機会がさらに社員同士の「関係の質」を高めることにつながります。

【ステップ⑥】
評価表を集計して
フェイスシートを作成

　全員の評価表が集まったら、集計ソフトなどを使って集計作業を行います。

　まずは定量評価の点数を集計します。次の3つの点数を導き出すことで、より公平に、精度の高い評価が可能になります。

3つの点数を集計する

1. 自己評価の平均点

　すべての項目の自己評価の点数を集計し、「自己評価の平均点」を出す。

2. パノラマ評価（360度評価）の平均点（2種類）

・評価項目ごとの平均点……項目ごとに評価者全員（自己評価は含まない）の点数を集計し、評価者の人数で割ることで、「項目ごとのパノラマ評価の平均点」を出す。

・パノラマ評価の平均点……項目ごとの平均点を集計

し、項目数で割ることで、「パノラマ評価の平均点」を出す。

3．グループ評価の平均点（2種類）

- 評価項目ごとの平均点……評価対象者全員の評価項目ごとの平均点を集計し、評価者の人数で割ることで、「項目ごとのグループ評価の平均点」を出す。
- グループ評価の平均点……項目ごとのグループ評価の平均点を集計し、項目数で割ることで、「グループ評価の平均点」を出す。

フェイスシートの作成と評価の見方

　フェイスシートで評価を「見える化」します。フェイスシートを作成する際のポイントは、自己評価の平均点、パノラマ評価の平均点、グループ評価の平均点を一目瞭然で見比べられるフォーマットにすることです。

3つの評価を
見比べられるシートにする！

フェイスシートの作成と評価方法をイメージしやすいように、「パノラマ人事評価システム360」で作成した当社の例を使って説明します。

■全評価項目の総合の平均点と評価グループの総合の平均点

【2023年12月 ハートサービス福祉用具 桶川事業所　笑認ツール パノラマ人事評価配信】	【2023年6月 ハートサービス福祉用具 桶川事業所　パノラマ人事評価配信】	
自己評価平均 3.4点[詳]	自己評価平均 3.4点[詳]	自己評
パノラマ平均 3.5点[詳]	パノラマ平均 3.3点[詳]	パノラ
グループ平均 3.4点[詳]	グループ平均 3.3点[詳]	グルー
全体平均 3.4点[詳]	全体平均 3.3点[詳]	全

■それぞれの評価項目の自己の点数　/ 平均点

評価項目		【2023年12月 ハートサービス福祉用具 桶川事業所　笑認ツール パノラマ人事評価配信】			【2023年6月 ハートサービス福祉用具 桶川事業所 パノラマ人事評価配信】		
		自己評価	パノラマ平均	全体平均点	自己評価	パノラマ平均	全体平均点
理念・行動指針	ハートサービスの経営理念【ワクワクと喜び】【笑顔と幸せ】・行動指針【10箇条】を体現し、事業所ミッションを仕事の判断基準としている行動している	3.0	3.5	3.4	3.0	3.3	3.3
素直	人のせいにせず、上司・同僚・後輩・同事業メンバーからのアドバイス・意見等を真摯に受け止め、自身の成長・改善に努めている	3.0	3.5	3.3	4.0	3.3	3.3
	日々の業務上のミス・誤りを隠したりごまかしたりせず、迅速かつ正直に報告・連絡をし、解決に向けて行動している	3.0	3.5	3.4	3.0	3.5	3.4

自己評価・他者からの評価・グループ平均点を比べることで貢献や課題が見えてくる。

下部が、項目ごとの自己評価、パノラマ評価の平均点、グループ評価の平均点です。上部が、項目全体の自己評価の平均点、パノラマ評価の平均点、グループ評価の平均点になります。

　これら３つの評価を比較することで、評価対象者の貢献度合いや、今後の課題・目標が見えてきます。

　たとえば、自己評価よりもパノラマ評価が高い社員は、自分の能力に自信が持てない、成長意欲が高く自分自身に対する評価設定が高いなどが読み取れます。定性評価とあわせて見ることで、社員の性格や課題が明確になります。

　これまでの経験上、自己評価のほうが低いケースが多いのですが、逆の場合は自分に自信を持っている傾向が強いので、評価の伝え方に注意が必要です。

　グループ評価まで必要ないのでは？　と思った方もいるかもしれませんが、じつはこの評価からはさまざまな傾向が見えてきます。

　たとえば、ある社員が１人の評価対象者に対して極端に厳しい点数をつけたとしましょう。当然、評価に反映され、評価対象者のパノラマ評価の平均点は低くなってしまいます。しかし、グループ評価の平均点が高かった場合、もしかしたら評価者と評価対象者の関係性に問題があるのかもしれません。つまり、感情的な評価になっている可能

性があるということです。

　こういった場合も定性評価と合わせることで、何かしらの状況が見えてきます。1つの結果だけを見るのではなく、全体的なバランスを見ることが重要です。

　また、グループ評価の平均点が高いチームは、関係性が良好であることが多いといえます。関係性がうまくいっているからこそ、お互いに良い評価をつけるようになるのです。逆に、関係性がうまくいっていないチームの場合は、グループ評価の平均点が低くなる傾向にあります。

　リーダーがきちんとリーダーシップを発揮しているチームも、グループ評価の平均が高い傾向にあります。逆の場合は、リーダーに適していない社員がそのポジションにいる可能性があるので、定性評価のコメントもきちんと確認しましょう。

　私自身、過去にグループ評価の平均点が低いことが気になり、そのチームを観察してみたところ、人事配転の必要性を感じたことがありました。リーダーを変えた結果、グループ評価の平均点が上がりました。

　冒頭でも触れたように、「パノラマ評価法」の最大の目的は、**一緒に働く仲間を「グッドグラス」（笑認）で見る習慣を身につけて良い関係を築くこと**と、**企業理念・行動**

【ステップ⑥】評価表を集計してフェイスシートを作成　　**135**

指針を意識した思考の質を高めることです。 自己評価はそこまで大きな変化はありませんが、パノラマ評価の平均点やグループ評価の平均点は、人間関係の質が向上すれば必ず良い方向に変わっていきます。

**人間関係が良くなれば、
グループ評価は必ず上がる！**

【ステップ⑦】
激励評価表（賞状）を作成

　最後のステップは、定性評価のコメントを1つひとつ確認し、賞状という見える形にすることです。当社ではこれを「激励評価表」と呼んでいますが、ネーミングは自社のキャラクターに合わせて考えましょう。

　文書作成ソフトのテンプレートや、インターネットのフリー素材などで作成する方法もありますし、人数が少なければ手書きでもいいかもしれません。

※「パノラマ人事評価システム360」は、定性評価をそのまま賞状に落とし込めるシステムになっています。

激励評価表

矢○○子　殿

・皆さんのお母さんのように見守ってくださっている気がします。お誕生日プレゼントを頂いたりいつも気にかけてくださってとても感謝しています。研修の際には仕事以外の社会人として必要なことを色々優しく教えてくださりました。・いつもフロント業務でのサポートありがとうございます。いつも丁寧で柔らかな対応で社員にもご利用者様にも笑顔で朗らかな場を作って頂き安心して頼れる存在です。・矢○さんが○○事業所にいるだけで安心して仕事がスムーズに行えておりとても感謝しています。いつもありがとうございます。・フロントスタッフとしての丁寧かつ迅速な対応に、助けていただく場面が非常に多く、いつもたいへん感謝しています。・ご利用者様に優しく丁寧な対応で見習いたいですスタッフから信頼されていて　尊敬しております誰とでも仲良しなので羨ましいでいつも気を配ってくださり感謝しております・過去に包括に勤務していた時にもお世話になったことがありますが、そのままの印象で穏やかでいつも落ち着いていて安心感があります。・入職直後の歓送迎会の際には、隣に来てフランクに話しかけてくれたことが印象的でした。それ以降、業務上でも話しかけやすくなり、感謝しています。いつも忙しそうに業務をこなされていますが、張り詰めている雰囲気は出さずに、来店のお客様に対してはとても親身に接客されていて勉強になりました。・営業さんが不在の時は、在庫状況などすぐ

激励評価表を渡す際のポイントは次の2点です。

・効果的なタイミングで渡す
・読み上げてから、必ず手渡しする

　基本的には、1 on 1 の面談で直属の上司、小さな会社であれば経営者や幹部から本人に渡すのが基本です。

　次章で詳しく説明しますが、「激励評価表」を1 on 1の面談で活用することで、面談の質はぐんと向上します。ポジティブな内容なので、朝礼時や会議の場など、他の社員がいる前で渡してもまったく問題ありません。効果的なタ

イミングを探ってみてください。

また、「激励評価表」は必ず本人に、手渡しで届けましょう。メールなどでデータを送ったり、賞状を郵送したりすると、効果は半減します。

「激励評価表」は必ず手渡しする！

「パノラマ評価法」は360度評価なので、当然、上司も同僚や部下などから評価され、「激励評価表」をもらいます。

たとえば、「理想の上司です。誰よりも動き回り、仕事も完璧です。どんなに忙しくても話を聴いてくださり、ありがとうございます」「会議の資料は毎回見やすくて素晴らしいです。部長がいるところは華があり、私の目標です」といった言葉が寄せられます。

こんな言葉をもらって嬉しくない人はいませんよね。

第2章で、「360度評価は管理職の成長にもつながる」と書きましたが、まさにこの部分が貢献しています。

部下はもちろん、上司であっても他者から承認されて嬉しくないはずはありません。立場にかかわらず、誰もが「笑認」を言葉でたくさんもらうことで、自己重要感や心

【ステップ⑦】激励評価表（賞状）を作成

理的安全性は高まります。

 したがって、「パノラマ評価法」において「激励評価表」は、とても重要なアイテムなのです。お金でもらう報酬ももちろん重要ですが、無形の「心の報酬」は社員のモチベーションに大きく寄与します。

「パノラマ評価法」の導入・実施の流れを説明してきましたが、4か月に1度（年3回）、もしくは6か月に1度（年2回）の頻度で実施することで、効果が実感できます。

 頻繁に行うと評価する側の負担が大きくなるだけでなく、評価結果にもそれほど変化は見られないと思います。逆に、1年に1度など間隔が開きすぎると、モチベーションアップにつながりにくくなります。

 4か月もしくは6か月に1度伝えられる他者からの「笑認」によって、社員のモチベーションはアップし、自分が気がつかない自分自身の強みや貢献をチームメンバーから教えてもらえるため自信がつきます。結果的に社員の成長、会社の成長へとつなげていけるのです。

半年に1回は「パノラマ評価法」を実施する！

第**4**章

フィードフォワードする
「1 on 1 笑認メソッド」

「パノラマ評価法」の効果を最大限にする「1 on 1笑認メソッド」

1 on 1を効果的にする「1 on 1笑認メソッド」

1 on 1とは、上司と部下が定期的に行う1対1での面談・ミーティングのことです。一般的に、部下の成長促進と組織の強化を図ることが、1 on 1の主な目的です。

アメリカのシリコンバレーの企業が取り入れた手法で、日本では2017年に出版された書籍『ヤフーの1 on 1』(ダイヤモンド社)によって広く知られるようになりました。現在では多くの企業が実践しています。

私は「パノラマ評価法」の策定に着手し始めた10年前から独自のメソッドで1 on 1を行っており、その効果を実感しています。

本章では、10年分の経験から得た、**1 on 1を実施する際の心構えやコツ、具体的な進め方など、1 on 1の効果を最大限に引き出すための「1 on 1笑認メソッド」**について解説します。

142 第4章　フィードフォワードする「1 on 1笑認メソッド」

「1 on 1を取り入れたいけど、進め方がわからない」「1 on 1を実施しているけど、効果を実感できない」という場合は、ぜひ参考にしてみてください。

人事評価を実施した後、どのように評価結果を伝えるかで、社員の成長は大きく変わってきます。「1 on 1笑認メソッド」は、進める手順がとても重要です。後述する「8つのステップ」どおりに進めることで、効果的に1 on 1を実践できます。

「パノラマ評価法」の効果は「伝え方」が8割!

フィードフォワードとフィードバック

一般的な1 on 1と同様、「1 on 1笑認メソッド」もモチベーションの向上、ゴールの設定など、社員の成長促進が目的の1つですが、大きな違いは次の2点です。

> **【1 on 1 笑認メソッドの特長】**
>
> - 最大の目的は信頼関係を構築し、相互理解を深めて目的を共有すること。
> - フィードバックではなく、フィードフォワードの視点を持つこと。

　繰り返すように「パノラマ評価法」は関係の質からスタートすることで効果を発揮します。そのため、1 on 1でも相互理解を深める意識は必須です。

　また、評価の伝え方も重要です。フィードバックをしてしまったら、パノラマ評価法で届いた「笑認」の効果は雲散霧消します。一方通行型人事評価に慣れている人は、フィードバックをしてしまいがちですが、フィードフォワードの視点に頭を切り替えてください。

　フィードフォワードについては、久野和禎氏の『いつも結果を出す部下に育てるフィードフォワード』（フォレスト出版）を参考にするといいでしょう。

フィードフォワードとフィードバックの違い

フィードフォワード	フィードバック
• 360度評価で得られた「強み」や「評価点」を基に話し合う。 • 「理想の未来」に向けて、さらに良くなる手段や目標達成のためのアイデアを一緒に考える。 • 上司も部下もポジティブ思考になる。	• 面談担当者（上司）から社員（部下）に評価を伝える。 • 「過去」の行動を振り返って、問題点や改善点を指摘する。 • 上司も部下もネガティブな思考になりやすい。

「1 on 1笑認メソッド」を 効果的にする5つの心構えとコツ

　面談担当者（上司）は「1 on 1笑認メソッド」を実践する前に、以下の心構えとコツを押さえておきましょう。終わった後の注意点を含め、これらを意識するかしないかで1 on 1の効力は大きく変わります。

①部下の一番の理解者であるという自覚を持つ

　相互理解を深めるためには、まず1 on 1を行う上司が、「私はあなたの一番の理解者であり、全面的な味方である」ことを伝える必要があります。心から相手を理解したいという思いが、部下の安心感と上司への信頼感につながります。

　そのためには、面談をする上司は心に余裕を持つことが大切です。人間誰しも心に余裕がないと相手の立場に立って物事を考え、寄り添うことはできません。

②部下の不安を取り除く意識が大切

　①とも関連しますが、部下は１on１に対して期待と不安を持っています。寛容な心と共感性を持って、部下の話を傾聴しましょう。あなたの考えと異なる発言に対しても、決して頭ごなしに否定してはいけません。

　もちろん、ただ聴くだけではダメです。明らかに間違っていることに対しては正しい方向へ導くための質問をしたり、部下が自分の目指す未来を具体的にイメージできるような助言や自身の体験を話したりするなど、柔軟な対応が必要です。

　いずれにせよ、前向きな言葉で「笑認」（承認）することで、部下は安心して心を開いてくれるでしょう。心境の変化や日頃話せない愚痴、不満、気づいたことなど、些細なことも話してくれるようになります。そこからまた信頼関係が深まると同時に、上司も部下の現状を把握することが可能になります。

③「優しい目」「大きな耳」「小さな口」を持つ

　「１on１笑認メソッド」は、基本的に部下が主体的に答えにたどりつけるように導くコーチングの手法で行います。部下の話を遮る、部下が話す隙を与えない、といった

「１on１笑認メソッド」を効果的にする５つの心構えとコツ　**147**

言動は避けましょう。そのためにも意識したいのが、次の3つです。

- **「優しい目」（承認）**……目で相手を「承認」すること。さすがに、1 on 1で部下を睨みつける上司はいないと思いますが、優しい目、柔らかな表情を心がけましょう。「いつも一生懸命に働いてくれてありがとう」「会社に貢献してくれてありがとう」という感謝の気持ちを込めてください。
- **「大きな耳」（傾聴）**……「傾聴」のこと。部下の話に真摯に耳を傾けて、時折り頷くなど適度な相槌を打つことで、「あなたの話を聴いているよ」ということを示してください。
- **「小さな口」（質問）**……聞き役に徹する場面では「質問」を投げかける程度にして、余計な口を挟まないこと。質問をする際には、ポジティブな言葉と内容を意識してください。

④「I（アイ）」メッセージを活用する

「Iメッセージ」とは、私（I）を主語にしてメッセージを伝える方法です。私（I）を主語にすることで、命令・指示であるかのような強い印象を和らげることができ、同じ指摘でもいわれた人はそれほど抵抗なく受け入れることができます。

フィードバックに慣れている上司の場合、つい部下に自分の意見をいってしまいがちです。あなたは「アドバイス」と思っても、部下にとっては「指示」と感じてしまうことがあります。ある程度の助言は必要ですが、その場合もIメッセージを使うことをおすすめします。

⑤1 on 1内での話、内密な情報は絶対に漏らさない

誰がどんな評価をつけたかなどの情報は本人に教えないのが原則です。公開してしまうと人間関係に影響が出たり、次から正確な評価を行うことができなくなったりするからです。本人のやる気を引き出すための方策として評価者の個人名を出すなどの例外はありますが、その際は「良い評価」のみを伝えてください。

また、1 on 1の面談で部下が話した内容は機密情報扱いとして、絶対に外部に漏らさないようにしましょう。上司を信頼して打ち明けた悩みや相談事が、知らぬ間に第三者に知れ渡っていたら不信感につながり、二度と心の扉を開いてもらえなくなります。個人情報は慎重に扱い、信用第一を心がけてください。

「1 on 1笑認メソッド」の
8つのステップ

　いよいよ1 on 1の実践です。より効果のある方法を解説していきますが、前述した通り「1 on 1笑認メソッド」は進める順番が重要です。順番を変えてしまうと効果が減少してしまうので、できる限り手順通りに進行することを推奨します。

	「1 on 1笑認メソッド」8つのステップ
【ステップ1】	場づくり・場ならし
【ステップ2】	感謝の言葉と社員の貢献を具体的に伝える
【ステップ3】	最近（半年以内）、貢献したことや頑張ったことを社員自身に話してもらう
【ステップ4】	この後の半年、1年、その先の目標を引き出す
【ステップ5】	社員自身が決めた目標を達成するための方法を引き出し、達成している自分をイメージさせる
【ステップ6】	共感する、信頼する、支援する、味方になる
【ステップ7】	「激励評価表」を読み上げて手渡す
【ステップ8】	部下への期待とその理由を明確に伝える

ステップの順番をきちんと守ろう!

【ステップ1】 場づくり・場ならし

1 on 1を行う時間と場所を設定します。時間は1人につき30分～1時間程度を目安にスケジューリングしましょう。連続で面談を行う場合は、面談が延びたときのために、間に15分程度の時間を設けておきます。

結構重要なのが場所選びです。人間は、場所や雰囲気で発する言葉も出るアイデアも大きく変わってくるものです。会議室のような密室空間と、ホテルのラウンジなど広々とした場所では気分が変わり、話す内容も違うものになるでしょう。

「借景」を意識して、会社から少し離れた場所や開放的で景色のいいミーティングルーム、カフェなどで行うことをおすすめします。

面談する場所で ミーティングの質は変わる！

　本題に入る前に「場ならし」として、その場の空気を温めておくと1 on 1をスムーズに進めることができます。たとえば、「最近どこか旅行した？」「子どもの運動会はどうだった？」など、**相手が気軽に答えられる世間話からスタートしましょう。**

　面談を行うのは自分よりも立場が上の人なので、社員は緊張してしまうものです。リラックスしてもらうための気遣いが大切です。

　共通の話題があればなおいいでしょう。「来週の地域のイベントに行くけど、君も行くの？」など、直近の話題もおすすめです。人は過去の話を振り返るよりも、未来の話をするほうが前向きな気持ちになり、話しやすい傾向があるからです。

【ステップ２】 感謝の言葉と社員の貢献度を具体的に伝える

部下の緊張がほどけたら、いよいよ１on１のスタートです。

社員に感謝の言葉（肯定する言葉）を伝えることから始めます。最初に「いつも頑張って働いてくれてありがとう」という気持ちを伝えることで、「面談で自分は何を言われるのだろう……」という社員の不安は和らぎ、心理的安全性が高まります。

一般的な個人面談では、上司からの一方的なダメ出しや指摘、改善点から入りがちです。そういった面談に慣れている人はとくに注意しましょう。決して否定的な言葉から入らないでください。

社員への「ありがとう！」からスタート！

さらに、社員が会社に貢献していることを、具体的に、感謝の気持ちを添えて伝えます。

事前準備として、１on１の面談の前に「激励評価表」のコメントにはきちんと目を通しておきましょう。ここは

「1 on 1 笑認メソッド」の肝になります。

　事前の情報によって、「いつもシフト代わってくれているみたいだね。柔軟な対応ありがとう」「率先して掃除やごみ捨てをしてくれてありがとう」など、具体的な陰の貢献を称えることができます。

　「あなたのこういう貢献に感謝・共感している」と示すことで、部下は上司が自分のことをきちんと見てくれている、理解してくれていると感じ、良いことも悪いことも腹を割って話しやすくなります。

【ステップ3】　最近（半年以内）、貢献したことや頑張ったことを社員自身に話してもらう

　ここからは社員に話してもらう場面になります。前回の1 on 1から半年の間に貢献したことや頑張ったことについて話を聴きます。ステップ2で上司から社員の貢献を切り出しているので、社員も話しやすい雰囲気がつくられています。笑顔で頷くなどの適度な相槌を打ちながら誠心誠意傾聴しましょう。

　なかなか言葉が出てこない社員に対しては、ステップ2で伝えた貢献を繰り返し、「みんなはこう評価してくれているけど、あなた自身はこれに対してどう思う？」など、社員が話しやすい流れをつくってください。

「1 on 1 笑認メソッド」の8つのステップ　　**155**

「優しい目」「大きな耳」「小さな口」を忘れずに！

【ステップ４】 これからの半年、１年、その先の目標を引き出す

　貢献や活動を振り返ってもらったあとは、「未来」の話をします。これからの半年、１年、さらにその先の目標を立てていこうと語りかけます。

　「今後、やりたいこと、挑戦したいことはある？」など、社員自身の言葉で発してもらうことで、頭の中が整理され、具体的なプランにつながっていきます。**未来に向けて、自分の成長した姿を具体的にイメージしてもらうのがこのステップです。**

　やりたいことや目標がある人ばかりとは限りません。そういう社員には、**仕事だけでなく、プライベートを含めて「考えただけでワクワクするような目標」**を聴いてみましょう。

　アイデアを話し合いながら、社員がやりたいことを引き

出していきます。**ワクワクするのには何か理由があり、そ**
れが継続可能な目標につながっていきます。仕事において
も、同じ視点で考えるように促してみましょう。

　時折り、自分の得だけを考えて私欲的な目標を立てる社
員がいます。仕事におけるそういった目標は、チームの和
を乱す要因になり、たとえ目標を達成しても周囲からの共
感を得られず、チーム内で孤立してしまう危険性がありま
す。自分だけではなくみんなが幸せになれる、周囲が応援
したくなる目標へと軌道修正する必要があります。

【ステップ5】　社員自身が決めた目標を達成するための方法を引き出し、達成している自分をイメージさせる

　ステップ4で出た目標を達成するためのアイデア出しを
します。「1 on 1笑認メソッド」の中で、もっとも重要な
ステップです。経験だったり、技術だったり、知識だった
り、理想の自分と現状の自分のギャップを埋めるための方
策を自発的に考えてもらいます。

　考える際のポイントは**「目標を達成するために、現状の**
自分には何が足りなくて、何が必要なのか」です。社員か
ら出てきたアイデアを決して否定せず、「なるほど」「そう
いうことか」と共感します。

「1 on 1笑認メソッド」の8つのステップ　**157**

「なるほど」「それはいい考えだね」まずは共感！

　なかには視点がズレている社員もいるので、それに気づかせることも必要です。たとえば、ある社員が「１年後、マネジャー職に就きたい」という目標を立てたとしましょう。

　まずは、現状の自分に足りない部分をその場で書き出してもらいます。「勉強して資格を取得する」「もっと同僚や後輩の仕事に関心を持つ」などが挙げられましたが、じつは彼は遅刻が多く、少々時間にルーズな面があります。勉強や他者への関心はもちろん必要ですが、尊敬を得るためには、まずこういった基本的な部分に気づき、直していく姿勢が必要です。そして、基本的な姿勢、人間性が評価されるのが「パノラマ評価法」なのです。

　ルーズさに気づいていない社員に対して、「あなたのチームリーダーの○○さんは、何時に出社していて何をしているか知ってる？」と聞いてみましょう。

　どんな答えに対しても、「もし○○さんが、毎日遅刻していたらどう思う？」と尋ねます。「上司としてあまり尊

敬はできませんね」といった答えが返ってくればしめたもの。

「マネジャーを目指すなら、〇〇さんみたいに朝の時間を有効に活用してみると僕はいいと思うんだけどなぁ」と、Iメッセージを使いながら、自分の力で遅刻などのルーズさがマネジャーになるための障害になることを理解してもらいます。

改善点の指摘ではありますが、事前に相手を承認して心理的安全性を築いたうえで目指すべき目標を話し合い、関係性をつくってから切り出しているので、社員は抵抗なく受け入れることができます。

もし、このステップを「1 on 1笑認メソッド」の最初に行っていたらどうでしょうか。いきなり「みんなもいっているけど、君はいつも遅刻しているみたいだね」と伝えたら、社員は萎縮してしまいますよね。その場では「気をつけます」というしかありませんが、この方法では遅刻は直りません。

しかし、目標を叶えるための第一歩なら素直に受け入れられ、自ら改善する努力をするようになり、自立自走できる社員に成長します。

「1 on 1笑認メソッド」は進める順番が重要と前述したのは、こういったことが理由にあります。

「1 on 1笑認メソッド」の8つのステップ　**159**

【ステップ６】 共感する、信頼する、支援する、味方になる

社員が自ら目標と向き合い、達成するためのアイデアを見つけられたら、その思いに共感し、「あなたならできるよ」と期待の言葉をかけて、信頼していることを示します。

さらに、「何かあれば私も支援するよ」とサポートする意思を伝えれば、心強く感じてより前向きになれるでしょう。

自分の価値観＝自分が大切にしているものを肯定されることで、相手を信頼し、味方であると感じることができます。自分が立てた目標に対して全面的に支持してくれるとわかると、「この上司についていきたい」と思えるようになり、相互で信頼関係を築くことができます。

「君ならできる」
一番の応援者になれば社員は成長する！

【ステップ7】 「激励評価表」を読み上げて手渡す

　ここで、社員の貢献を見える化した「激励評価表」を感謝の気持ちと一緒に読み上げたうえで手渡します。「笑認」コメントを読んだ後に「いかがでしょうか？　これをふまえてこれからどうしていきたい？」と尋ねると、たいていの社員からは「目標に向かって一層、頑張ろうと思います！」といった前向きな言葉が返ってきます。

　ステップ4、5でなかなか目標やそれを達成するアイデアが出てこなかった社員も、仲間からの称賛の声によって自己肯定感が高まり、期待に応えたいという心理が働きます。

　また、「激励評価表」は本人も気づいていなかった「自分の長所や強み」を教えてくれます。その結果、新たな目標を生み出す手助けにもなり、仲間からもらった称賛のコメントに応え続けようという自立自走の成長を促します。

【ステップ8】 部下への期待とその理由を明確に伝える

　最後は、部下への期待の言葉で締めくくります。「激励評価表」にも上司からの期待のコメントを添えますが、今回の1 on 1の面談を通して気づいたことも含めて「あなたの今後に期待している」という思いを前向きな言葉で伝えましょう。

間違っても最後に改善点を繰り返したりしないでください。そんなことをしたら「パノラマ評価法」も「1 on 1笑認メソッド」もすべてが台無しになってしまいます。

　ステップ6でも伝えていますが、改めて「あなたならできる！」などのポジティブな言葉を伝えることで、社員は改善点の指摘も素直に受け止めることができ、面談を有意義な時間と捉え、**前向きな気持ちで1 on 1を終えること**ができます。

ポジティブな心で終えるのが肝心！

　そして、**1 on 1が終わった後は、目標に向かって頑張っている社員の姿を見守りましょう**。面談時のみならず、常日頃から関心を持って社員が自立自走できているかどうかを確認し、定期的に声がけを行うことで、関係の質はさらに高まります。

　「1 on 1笑認メソッド」において、上司はあくまでもサポート役です。**目標に向かう社員の行動意欲を促進し、社員が主体的にチャレンジするように促します**。つまり、社員の「心に火をつける」こと、そして「成果を出してより

幸せになってもらう」こと、それが「1 on 1笑認メソッド」の目指すゴールです。

　この「1 on 1笑認メソッド」に後押しされて目標を達成した社員に、デイサービス事業のKさんがいます。

　Kさんは入社時から介護福祉士の資格取得にチャレンジしたい気持ちがありながら、仕事と子育ての両立で忙しいという状況もあり、一歩踏み出せないでいました。

　私は半年ごとの1 on 1の面談で、みんなからの激励評価表のメッセージと一緒に、Kさんへの期待を伝え続けました。

　じつは、Kさんはみんなに黙ってこっそり勉強を続けており、2年後、見事に介護福祉士の試験に合格したのです。

　後日、Kさんは懇親会の席で「1 on 1の面談とみんなからの勇気づけのおかげでチャレンジでき、合格しました！」と伝えてくれました。

　まさに「1 on 1笑認メソッド」の効果を実感した嬉しい瞬間でした。

【組織の幸せグッドサイクル】

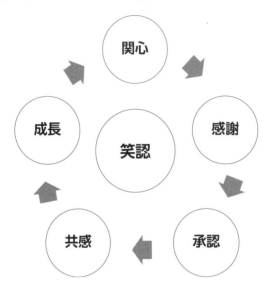

第 **5** 章

「パノラマ評価法」Q&A

第5章では、「パノラマ評価法」をもっと効果的に行うための方法や、疑問点などをQ&A形式で解説していきます。『パノラマ人事評価システム360』のコンサルティングの中で、お客様から聞かれることの多い質問を紹介しているので、参考にしてみてください。

Q1 「パノラマ評価法」の導入に反対する幹部や社員がいるのですが、どうしたらいいですか？

「パノラマ評価法」を導入したいと思い幹部に相談したところ、「部下が上司を評価するなんてとんでもない」「これまでどおりのやり方でいいじゃないか」と反対の声が上がりました。参考に社員の意見も聞いてみたのですが、長年勤めている社員からも快い反応は返ってきませんでした。どのように彼らを説得するべきでしょうか。

A1 上司自身の成長ややりがいに大きなメリットがある点を伝えましょう。

従来の一方通行型人事評価に固執する幹部や古参社員から反対の声が上がったり、「パノラマ評価法」の仕組みに対して後ろ向きの意見が寄せられたりすることはよくあることです。

166　第5章　「パノラマ評価法」Q&A

第3章の策定＆実施の【ステップ③】でも述べたように、事前に説明会を開催し、なぜ人事評価を刷新する必要があるのか、「パノラマ評価法」を導入する目的は何なのかを、しっかりと共有する必要があります。

導入前に理解度を深めてもらうことで評価の精度は格段にアップします。最初の一歩を疎かにして導入を早まらないようにしましょう。

そのうえで、以下のことを伝えることで、会社はもちろん社員自身の成長につながることを強調してみてください。

企業理念が浸透することで、パーパス経営が可能になる（幹部への回答）

「パノラマ評価法」は、企業理念・行動指針が評価基準となるので、パーパス経営が可能になります。口頭で伝えるだけでは、企業理念や行動指針を浸透させるのは難しいでしょう。しかし、「パノラマ評価法」を導入することで、自然と浸透させることがきます。

たとえば、受付の社員がお客様に笑顔で対応するのは当たり前のことと思われるかもしれませんが、当社「ハートグループ」の企業理念は「"未来にワクワクと喜び"を創造し"笑顔と幸せ"を提供し続ける」です。

そのため、理念に沿った行動は些細なことでも積極的に「笑認」します。小さなことから大きなことまで「笑認」

167

されることで、社員は自信を持ち、やる気もアップして成長します。

それは必ずお客様にも伝わります。実際に、私は「あなたの会社の受付の社員はいつも対応が素晴らしいね」と嬉しい言葉をいただいたことが何度もあります。

つまり、こういったことの積み重ねが会社の成長と売上アップにつながっていくことを幹部にも理解してもらいましょう。

「良いところ探し」が目的ということを明確に示す（古参社員への回答）

勤務年数の長いベテラン社員は一方通行型人事評価に慣れていることから戸惑う人も多いことでしょう。部下や後輩から一体どう評価されるのか、そういう不安から反対してしまうのです。

「パノラマ評価法」は、「他者の良い部分に目を向けることで社内の関係性を良くする」ことが、最大の目的であることを正確に伝えてください。また、評価結果が賞与や昇格などに、どのような形で反映されるのかも明確にして不安を解消します。

古参になり、役職が上がれば上がるほど、部下や後輩から感謝の言葉をもらうことは少なくなり、もらえたとしても退職時くらいです。それが半年に1回のペースで感謝の

168 第5章 「パノラマ評価法」Q&A

気持ちを受け取れるのですから、間違いなくやりがいにつながります。

Q2 過去に360度評価を実施して失敗した経験があります。また失敗しないか不安です。

公平で客観的な評価、それによる社員の成長を目指して、過去に一方通行型から360度評価に変更したことがあります。しかし、社員の自立につながるどころか、人間関係がぎくしゃくしてしまったことから、結局もとに戻した経緯があります。「パノラマ評価法」に興味はあるのですが、また失敗しないか不安です。一般的な360度評価との違いを教えてください。

A2 過去に360度評価で失敗した原因を整理してみましょう。

同じような失敗談をよく耳にします。大きな問題点は、上司、部下、先輩、後輩、同僚とお互いに評価し合うだけで、評価基準は、従来の一方通行型人事評価同様、改善点に目を向けていることにあります。

私自身、一般的な360度評価には不十分な点があると感じていたので、「パノラマ評価法」はそこをクリアできる仕組みにしました。「パノラマ評価法」と一般的な360度評価の違いは次のとおりです。

169

「パノラマ評価法」と「一般的な360度評価」の違い		
	パノラマ評価法	一般的な360度評価
評価基準	企業理念や行動指針	能力や実績に関わる行動
評価のポイント	良い点（笑認） ※加点法	改善点 ※減点法
評価対象	自己評価、パノラマ評価、グループ評価	他者評価が中心

評価基準

　「パノラマ評価法」の基準は、「企業理念」や「行動指針」に基づいた行動ができているかどうかです。成果そのものよりもその間のプロセスや日頃の頑張り、働く姿勢が評価対象になります。

　一方、一般的な360度評価は、業務に対する能力や実績など、目に見える基準であり、結果のみを重視する評価です。そのため、バックオフィスなどの陰の貢献や数値化されない働きは評価対象にならず、多方面から評価しても不公平感を生んでしまいます。

評価のポイント

　「パノラマ評価法」は「笑認」に基づき「長所・強み」を探して評価し合うため、お互いの関係性が良くなることはあっても、ぎくしゃくすることはありません。ここが大きく異なる点です。

　360度評価の場合、「改善点＝直すべきところ」を見つけることがメインであり、評価対象者のあら探しのようになってしまうのは否めません。お互いの悪い部分を指摘し合えば、関係性が悪化するのは当然です。

　また、「パノラマ評価法」では、評価点数、飛躍コメントは開示せず、管理側の課題として、評価グループの人数を5人以上にするなど、誰が誰を評価したかわからないような仕組みにしています。360度評価を取り入れていたある会社では、誰が評価したかについて本人に情報を開示してしまった結果、本音で評価できなくなった、関係性が非常に悪くなったという失敗例もあるようです。

評価対象

　「パノラマ評価法」の特長は、パノラマ評価だけでなく自己評価も行うことです。企業理念を体現できているか、自らも採点しなくてはいけません。そのため、自分を客観

的に見ることができるようになります。

　また、前回の評価と比べてどれだけ成長しているのかも振り返ることができる仕組みになっています。

　さらに、「パノラマ評価法」の定量評価では、自己評価の点数、パノラマ評価の平均点、グループ評価の平均を比較するため、誰かの主観や感情に結果が大きく左右されることがありません。

　一般的な360度評価は他者評価が中心なので、評価を高くつけ合う忖度や、個人的な好き嫌いで不当に低く評価した結果がそのまま評価対象者の評価に直結してしまい、精度の低い結果になりやすいといえます。

　他にも、「評価結果を集めるだけで、なんらフィードバックが行われない」「処遇のどの部分に結果が反映されるのかわからない」など不明な点が多く、社員から不満の声が上がった結果、やめてしまったという声も聞きます。

　今一度、なぜ失敗したのか、原因を整理したうえで、「パノラマ評価法」でそれらを解決できるか検討してみてください。

172　第5章　「パノラマ評価法」Q&A

Q3 リモートワーク中心でも、「パノラマ評価法」を導入するメリットはありますか？

当社はIT企業でコロナ禍以降、リモートワークを継続しています。「パノラマ評価法」は、ふだんの働きぶりを見て評価すると聞きましたが、リモートワークが中心だと直接お互いの仕事を目にすることができません。「パノラマ評価法」の導入は可能でしょうか？

A3 「パノラマ評価法」はリモートワークの「関係の質」もアップします。

IT企業だけでなくリモートワークを継続している企業は少なくありません。「社員同士、なかなか関心を持てない」、だから「関係性を築きにくい」など、人間関係の希薄さに不安を感じている経営者は多いことでしょう。

たしかに、直接顔を合わせずに、やりとりはチャットやメールだけのリモートワークは、オフィスワークよりも相手への関心は薄れがちです。

「パノラマ評価法」は、評価項目の設定の仕方でリモートワークにおいても「関係の質」を高めることができます。

たとえば、IT企業はプロジェクト単位で進行する案件が多いので、作業自体は個別に行っていても、メンバーの協調性は欠かせません。作業を期日に間に合わせているか、他の人のフォローを積極的に行っているか、チャット・

173

メールの返信を常に意識しているかなど、評価項目の内容をメンバーの協調性に設定することで、貢献度が明らかになります。

　効果をアップするポイントとして、リモートワークの場合でも1 on 1の面談はリアルで行い、「激励評価表」は直接手渡しましょう。もしくは、評価グループのメンバーを集めて、みんなの前で各社員に「激励評価表」を手渡すことで、人間関係の質をより良く循環させましょう。

Q4 「パノラマ評価法」を導入するために評価項目の策定に入りましたが、評価項目が思い付きません。どうしたらいいですか？

　「パノラマ評価法」の導入が決まると、評価項目を策定する必要があるのですが、初めてのことなのでまったく勝手がわからず、どうすれば企業理念や行動指針を評価基準に落とし込めるのか、コツがよくわかりません。

A4 自社の企業理念や行動指針を何度も読み込むことが重要です。

　ここはとても難しい工程なので、悩む方も多いです。まずは第3章の【ステップ②】「評価カテゴリー・項目策定

のポイント」を参考にしてみてください。

　何よりも重要なのは、自社の企業理念や行動指針をしっかりと読み込むことです。そのうえで、企業理念を実現させるためには、社員１人ひとりにどう行動してほしいのか？　それを言葉にしていきます。初めから完璧に作成しようと思わず、常にブラッシュアップしていくつもりで自由に発案してみてください。

　第３章では当社の評価カテゴリー・項目を紹介していますが、もう１社、秋田県で介護事業・保育事業を行っている「社会福祉法人一真会」の企業理念と評価カテゴリー・項目を紹介します。それらがどのようにリンクしているか、参考にしてみてください。

社会福祉法人一真会様
企業理念・施設理念

【企業理念・行動指針】

　私たちは、生活の基準のすべてをお客様に負っていることを自覚し、お客様一人ひとりの人権・人間性を重んじその人らしい生活を送ることができるよう、あらゆる面から支援します。

　福祉は究極のサービスととらえ、地域のベスト介護・福祉事業者を目指す法人として、お客様へ最も優れたサービス（人財）を提供することにより、人々が豊かでゆとりある生活・文化の向上と地域社会の発展に貢献します。

【施設理念】
慈（きずな）　愛（おもいやり）
心（つながり）　睦（ふれあい）

　私たちは、みなさまと互いに寄り添い、やすらぎのある環境の中で、一人ひとりの意思を尊重し、生き生きとした暮らしを支えていきます。

社会福祉法人一真会様
評価カテゴリー・項目

【評価カテゴリー】
慈（きずな）

【評価項目】
・担当業務に責任を持った上で、担当以外の業務や他
スタッフのミス・課題を一緒になって考え、率先して他の
スタッフのサポートをしている

【評価カテゴリー】
愛（おもいやり）

【評価項目】
・上司やチームメンバー、同僚、後輩に思いやり、気配
り、優しさを忘れず、感謝の気持ち、お詫びを常に表現
し、「ありがとう」「ごめんなさい」などがしっかり言える
・ご利用者様や園児、ご家族に気持ちよく過ごしていた
だくために、感染対策や環境美化および四季に合ったレ
イアウトに取り組んでいる

【評価カテゴリー】
睦（ふれあい）

【評価項目】
・施設内だけでなく、ご家族との関わり、地域との関わ
りも大事にし、広い視野を持ち取り組んでいる
・ご利用者様や園児、他スタッフの声に、耳と目と身体
と心を向けてしっかりと話を聴けている

Q5 勤続年数によって評価に差が出てしまわないか疑問です。

　グループ内で評価し合う「パノラマ評価法」は、入社して間もない新人と10年以上勤めているベテラン社員の評価に差は出ないのでしょうか？　新入社員は職場や仕事に不慣れな分、点数が低くなり不利になるなど、公平性を問われたらどう答えたらいいですか？

A5 「パノラマ評価法」はコンピテンシー（能力）評価ではないので、勤続年数にかかわらず公平な評価ができます。

　たしかに、能力や実績などの評価基準で相対評価するのであれば、新人社員はベテラン社員にはかないません。

　しかし、そもそも「パノラマ評価法」の基本はコンピテンシー（能力）評価ではありません。評価基準は企業理念や行動指針に沿った行動ができているかどうかです。

　そこに向かうための努力や姿勢を評価するので、入社1年目の社員も10年目の社員も同じ土俵に立っています。結果的に、新入社員でもベテラン社員よりも高い点数を取ることもあります。つまり、仕組み自体が公平性の証明といえます。

178　第5章　「パノラマ評価法」Q&A

Q6
明らかに自己評価が「低すぎる」「高すぎる」社員への対応はどうしたらいいですか？

「パノラマ評価法」を導入・実施しているのですが、客観的に見て「自己評価が低すぎる」と感じる社員がいます。パノラマ評価の平均点は高く、コメントを見ても働きぶりがきちんと評価されているにもかかわらず、自己評価だけ極端に低いのです。「もっと自信を持って！」と伝えてもあまり効果がなく、どうしたらいいのかわかりません。逆に自分に自信を持ちすぎている人もいて、協調性という部分で不安があります。こうした社員に対して上司ができることはありますか？

A6
評価後に行う1 on 1の面談で質問をしながら、適切な方向に誘導しましょう。

「パノラマ評価法」では、自己評価、パノラマ評価、グループ評価の３つの視点で定量評価しますが、これらの結果でさまざまなタイプの人がいることがわかります。

パノラマ評価は高いのに自信を持てずに自己評価が低い人、逆にパノラマ評価は低くても自己評価が極端に高い自尊心の塊みたいな人もいます。いずれにしても、自分を客観視できていない点においては同じです。

私の経験から、「パノラマ評価法」の効果を激減するい

179

くつかの思考タイプを挙げて、1 on 1における対応方法を解説します。どのタイプにも共通していえることは、「1 on 1笑認メソッド」で、うまく質問を投げて本人の意識を正しい方向へと導くことです。

自己評価が極端に低い社員の場合

　自己評価が低い人は、そもそも自己肯定感が低い人です。慎重に仕事をするので大きなミスをしないなど長所はたくさんありますが、自立自走な社員を育てるという点においてはマイナスといわざるを得ません。

　このタイプ場合、繰り返し「○○さんがあなたのことを褒めていたよ」と具体的な上司や同僚の名前を出して、高評価が本物であることを強調してください。また、「あなたらしくていいんだよ！」ということも伝えましょう。少しずつでも自信を持てるように後押しするのは必須です。

　具体的に不安に思っていること、どのような点において自信がないのか聞き出すことも大切です。たとえば、以下のような質問をしてみましょう。

　「半年前の自分と比べて、今の自分が成長しているところはある？」

180　第5章 「パノラマ評価法」Q&A

「あなたがすごく評価している仲間が、低い自己評価を していたら、あなたはどうアドバイスする？」

「あなたにとって理想の自分はどんな人？」

過去の自分との比較や仲間の目線、理想の自分など、別 の視点から考えることで自分を客観視できるようにしま す。そして、改めて「あなたらしくていいんだよ」と伝え てあげることが自己肯定感アップにつながっていきます。

自己評価が極端に高い社員の場合

自己評価が高いタイプは、周りからのアドバイスに耳を 貸さず、協調性に欠ける傾向があります。そのため、今の 自分と理想の自分をイメージさせることで、客観性を持た せます。たとえば、次のような質問をしてみましょう。

「半年後の自分、１年後の自分はどうなっていると思 う？」

「あなたの考えをもっと大きくする／広げるにはどうし たらいい？」

「あなたの目標の最終ゴールはどんなイメージ？」

「理想の自分から今の自分へメッセージを送るとしたら 何という？」

想像力を広げて、未来の自分はどうなっているのかを具体的に思い描いてもらいます。そして、そこにたどりつくために、今の自分に不足しているものが何かを考えさせることで、「まだまだ自分には足りないことがある」と地に足がついた考え方に導きましょう。

不平不満を口にして他人のせいにする社員の場合

　口を開けば不平不満ばかりで他人のせいにする人には努力のできないタイプが多く、それが成長を妨げる要因になっています。まずは、不満の根本的な原因を考えてもらうために、直球で質問してみましょう。

　「どうしたらその不満を解消できると思う？」
　「不満や不安を解消するために、周りの仲間にはどんな支援をしてもらいたい？」

　また、このタイプに不足しているのは周囲への感謝の気持ちです。「あなたが感謝する人は誰？」という質問で、その人なりの感謝のポイントを見つけてもらうことや、「あなたの入社初日はどんな日だった？」と初心を思い出してもらうことも、周囲への感謝に気づくきっかけになります。

ネガティブ思考の社員の場合

　ネガティブ思考の人はなかなか前向きになれないので、失敗したらどうしようなど、新しいことに挑戦できない傾向にあります。

　1つめで紹介した自己評価が低い人にもこの傾向を持つ人が多いので、同じように「○○さんが助かっているっていっていたよ」と、繰り返し伝えることで自信のスイッチを入れるようにしましょう。それを裏づけるような質問が効果的です。

「最近、同僚たちからかけられた感謝の言葉は何？」
「成長を感じられるけど、あなた自身、自分の変化は感じている？」
「このチームにはあなたが必要だと私を含めてみんな思っていると思わない？」
「あなたみたいになりたいという社員にはどんなアドバイスをしたらいい？」

　自信がつくような言葉を使い、ポジティブな方向にマインドチェンジできるような質問を投げかけましょう。

183

Q7 「パノラマ評価法」の他にも、効果的な離職対策はありますか？

「パノラマ評価法」を取り入れてから離職率が下がっているのを実感しています。より成果を上げるために「パノラマ評価法」以外でできる離職対策があったら教えてください。

A7 採用基準も企業理念に沿って設定しましょう。

採用基準も企業理念や行動指針に沿って決めておくことが大切です。「パノラマ評価法」を採用している場合、評価基準が企業理念になるので、そこを理解していない人が入社したとしても評価は低くなります。結果、本人のやる気につながらず、離職率はアップします。

当社では面接担当者によって選考基準が異ならないように採用基準を「見える化」しています。積極的に採用したい「当社が求める人財」だけでなく、採用を避けたい「当社に合わない人」も明文化することで精度が上がります。

かつての当社がそうだったように、人手不足の職場は猫の手も借りたい状況です。「贅沢はいっていられない」と応募してきた人を闇雲に採用してしまうことも少なくありません。

しかし、そこから改善していかないことには、入社して

184 第5章 「パノラマ評価法」Q&A

もすぐ辞めてしまうという、悪循環に陥るだけです。そうならないためには、採用時から企業理念に沿った人選をすることがとても大切です。

　以下は当社の採用に関する3つの「7箇条」です、参考にしてみてください。

ハートサービスグループが求める人財　7箇条

1. 素直で感じの良い人
2. 人の話を真摯に聞き、和を重んじて強調性がある人
3. 感謝と恩返しの気持ちを持ち、言動に表せる人
4. 自らの夢や希望を持ち、ワクワク感を持って行動できる人
5. チャレンジ精神を持ち、変化できる人
6. 業務能力の光る原石を持ち、輝き、成長するために努力する人
7. 自分自身や仕事に誇りを持てる人

ハートサービスに合わない人　7箇条

1. 和を乱す人
2. 改善のための提言・行動をせず、不満だけを言う人・評論家になる人
3. 人のせい、環境のせいにして、努力・勉強しない人
4. 行動を起こせない人
5. ルールを守れない人・自己管理ができない人
6. 親・家族・お世話になった人や会社の悪口・陰口を言う人
7. 人のために貢献できず、常に矢印が自分に向いている人

一次面接・不採用　7箇条

1. 笑顔がなく、挨拶がまともにできない人
2. 前職の会社やスタッフの悪口を言う人、前職からの評判が悪い人
3. チームワークが取れない経験、人間関係で問題があった人
4. 会社・事業のこと（HPなど）を事前にチェックしてこない人
5. 身だしなみ（髪型・洋服・爪・靴）が手入れされていない人
6. 面接者が判断で迷う雰囲気・言動がある人（前科や車の事故などのさまざまな問題）
7. 親や家族と関係が悪い、感謝の言葉がない人

あとがき

人生は一期一会、仲間の「良いところ探し」をしよう

　今でこそ社交性を強みとしている私ですが、小学校までばとても人見知りで内向的な性格でした。クラスメイトからは「根暗の髙安」と呼ばれていたほどです。

　そんな私の性格、そして人生を変えた出来事があります。小学校時代に所属していた野球チームの練習に参加したときのことです。いつのものように下を向き、小さな声で挨拶をする私の肩を叩いて、「髙安、明るくいこうぜ！」と声をかけてくれた先輩がいました。先輩の笑顔はとても印象的で、私の気持ちはとても明るくなり、やる気が湧いてくるのを感じました。

　それが「根暗の髙安」から脱却するきっかけになったのです。私は先輩のように「人に元気を与えられるような人になりたい」と思うようになり、徐々に外向的な性格へと変わっていきました。そして、今では「特技は人と仲良くなることです」といえるまでになったのです。人生は本当に些細な出来事で大きく変わるのです。

社交的な性格に変貌した私の20代の頃の夢は、「世界中の人と仲良くなりたい」。

　夢を叶えるべく、まずはワーキングホリデー制度を利用してオーストラリアに行きました。その後、バックパックを背負って世界中を旅しながらさまざまな国の人々や文化に触れ、楽しい日々を過ごしました。

　英語力もそれほど高くなく、身振り手振りを加えてコミュニケーションをとろうとする私を、どの国の人たちも嫌な顔をせず笑顔で受け入れてくれました。

　ただ私という1人の人間に興味を持ち、存在自体を認めてくれたのです。彼ら彼女らの対応が私に自信と安心感を与え、私はますます活動的になっていきました。

　訪れた国は24カ国。知り合った友人の家に泊めてもらったり、友人のそのまた友人の家に泊めてもらったり、どんどん新しい友人が増えていきました。当時の体験はかけがえのない大切な想い出です。

　すでにお気づきの方もいるかもしれませんが、「パノラマ評価法」で取り入れている「笑認」は、まさにこの経験から生み出されました。

　私はよく会議などで**「人生は想い出づくり、仕事は仲間づくり」**という話をします。

　人生にはいろんなことが起こります。たとえ大変なこと

があったとしても乗り越えて、良いことも悪いことも「あのとき、あんなことがあったね」と後々笑って話せれば、それはかけがえのない大切な想い出になります。

　私は、仕事においてもそんな想い出話ができる仲間づくりをしてほしいと思っています。人生において、仕事の時間はかなりの割合を占めています。1日8時間、週5日働けば、家族と一緒にいるよりも長い時間を仕事仲間と過ごすことになります。

　その時間を、「早く帰りたい」「会社を辞めたい」など、嫌な感情を抱えながら過ごすのはもったいないと思いませんか？　良い仲間と楽しく仕事をして、老後も一緒に食事や旅行ができる仲になり、共通の想い出を語り合える、それが理想の職場ではないかと私は思うのです。

　人生は一期一会。出会えた縁を大切にして、関係性を育てていってほしいのです。

　「パノラマ評価法」には、そんな想いが込められています。仕事に誇りを持ち、毎日を豊かな心で過ごしてほしい。仲間の良い点を見つけて認め合うことで、1人でも多くの人が幸せを感じながら笑顔で働いてくれることを願ってやみません。

　「笑認」によって、当社の離職率は1％になり、理想とする職場へと変貌しました。私は将来的に「パノラマ評価

法」を、小学校や中学校の通知表にも応用できないかと考えています。

現在の通知表は、勉強ができる・できないという能力のみで評価しています。通知表の基準を否定しているわけではなく、そこにクラスメイトの「良いところ」を探して評価し合う「笑認」制度を加えることで、子どもたちの成長に大きく寄与するのではないでしょうか。

たとえば、「いつも元気な声で挨拶しています」「○○ちゃんがいるだけでクラスが明るくなります」「いつも困っている子を助けてくれる優しさがあります」などのコメントがあれば、親御さんがそれを見て「理科と算数の成績は２だけど、この子はこんないいところがあって、それをみんなに認めてもらっているんだ」と、子どもの長所に気づくきっかけになります。

通知表＋「○○さんの良いところ表」が一緒に渡されたら家庭における子どもの教育にも役立つことでしょう。

また、他人の良いところを積極的に認め「笑認」し合う学校は、いじめや不登校などもなくなります。学校は笑顔が溢れる居心地のいい空間になり、子どもたちは伸び伸びと育つことでしょう。

そして何よりも、長所を発見して認めてあげることで、子どもたちの自己肯定感と自己重要感を高めることができます。その結果、得意な分野を伸ばし、自分の能力を発揮

できる子どもが増えるでしょう。

　そうして育った子どもたちがやがて社会に出て、当たり前のように幼い頃から身につけた「笑認」をし合いながら、生き生きと仕事をする。幸福度の高い社会を想像しただけでも楽しくなってきます。そのための環境をつくることが、我々大人にできる社会貢献ではないかと思います。

　ビジネスから教育へ、ゆくゆくは政治の世界にも「笑認」が広がっていけば、世界中が幸せになれるのではないでしょうか。壮大な考えかもしれませんが、国のトップの方々がお互いの良いところを認め合えたなら争いごとはなくなります。

　私が代表を務める「株式会社 笑認」のビジョンは「誰もが笑認し合う、世界を創る」です。ビッグビジョンはG7やG20などの国際首脳会議で「パノラマ評価法」を活用し、お互いの国や国のトップの良いところを認め、笑認し合い「世界の平和」に貢献することです。

　私がかつて世界旅行で経験したように、相手の国の個性や自分とは異なる点を理解し、民族が違っても同じ人間として笑顔で受け入れる。それにより地球上のすべての人が自己重要感と心理的安全性を感じることができる。そんな世の中になれば世界平和も夢ではないかもしれません。

191

「笑認の輪」が日本を越えて世界に広がることで、より良い未来につながると私は信じています。

その第一歩が、企業への「パノラマ評価法」の浸透です。みんながやりがいと生きがいを持って、毎日楽しく働けるように、「笑認」がその手助けになればこんなに嬉しいことはありません。

最後になりましたが、出版のご縁をつないでいただいた新井亨様、鈴木浩喜様、天才工場の吉田浩様・皆様、そしてチャンスをくださったマネジメント社の安田喜根社長、最初から最後まで伴走していただいた塚本佳子様、大江有起様に、この場をお借りして感謝を伝えさせていただきます。

そして、天国にいる尊敬する父、いつも暖かく見守ってくれる母、グループの社長でありいつも支えてくれる兄、重要な場面で手を差しのべてくれる妹、いつも元気で明るく勇気づけてくれる妻、陰で応援してくれている長女、明るく楽しく元気をくれる長男、いつも私を助けてくれるハートサービスグループの幹部スタッフの皆様、理念の基に地域に貢献してくれているスタッフの皆様、支えていただいているスタッフのご家族様、取引先の皆様、お客様、ご支援いただいている久野和禎様、「パノラマ評価法」のシステム化に初期からご尽力くださったプーズネットの長谷

川聡様、平野晋也様、Hd LABの皆様、「笑認®」を一緒に事業化した森平友様、株式会社笑認のスタッフの皆様、笑認アンバサダーの皆様、笑認のクライアント企業・販売代理店の皆様、友人・知人の皆様、ご縁をつないでいただいた皆様、日頃支えていただいているすべての皆様に、心から感謝申し上げます。

2024年8月　**髙安　敏行**

■著者

髙安　敏行（たやかす・としゆき）
株式会社笑認 代表取締役
ハートサービスグループ　専務取締役

　1977年3月16日、千葉県市川市生まれ。父親が転勤族だったことから、多感な時期をさまざまな場所で過ごす。この頃の経験から、「人と仲良くなる」ことが特技となる。小学校から野球が好きで、高校（二松学舎大學付属柏）まで野球漬けの生活を送った。

　大学在学中にワーキングホリデー制度を利用しオーストラリアで1年間を過ごす。この間に仲良くなった世界各国の友人を訪ね、世界一周の貧乏旅行をする貴重な体験をする。現在まで訪れた国は20か国を超える。

　大学卒業後、精密機器メーカーに就職し3年半勤務。その後、父親が興した有限会社ハートサービスに転職し、立教大学大学院（MBA）で学び、現在に至る。同グループは介護事業・理美容・クリーニング業を手掛け、従業員数は220名。

　「数字では評価できない貢献者にスポットライトを当てたい」という思いから、新しい人事評価システムを開発。3Kといわれる介護業界において、3年連続で離職者ゼロを達成。現在も1％という驚異の離職率を誇り、人手不足に悩む介護業界に新風をもたらしている。

■著者の連絡先　e-mail：t-takayasu@shounin.jp

【株式会社 笑認への
お問い合わせはこちら】

離職率1%の会社が編み出した
超人財定着術 笑認®

**読者の方に
豪華7大特典プレゼント**

豪華7大特典内容

特典①「人が辞めない組織のつくり方」プレミアム動画
特典②「1on1笑認メソッド」電子書籍
特典③ あなたの会社の「人財定着度診断シート」
特典④ 理念に沿った人財を採用するための「採用基準」
特典⑤ 理念に沿った人財を採用するための「不採用基準」
特典⑥「パノラマ評価法」導入事例動画
特典⑦ 専門コンサルタントによる個別相談

⬇こちらのQRコードから今すぐ登録してお受け取りください。⬇

※無料プレゼントはWEB上で公開するものであり、小冊子・DVD等をお送りするものではありません。
※上記の無料プレゼントのご提供は予告なく終了となる場合がございます。あらかじめご了承ください。

《マネジメント社 メールマガジン『兵法講座』》

　作戦参謀として実戦経験を持ち、兵法や戦略を実地検証で語ることができた唯一の人物・大橋武夫（1906 〜 1987）。この兵法講座は、大橋氏の著作などから厳選して現代風にわかりやすく書き起こしたものである。

ご購読（無料）は
https://mgt-pb.co.jp/maga-heihou/

出版プロデュース	吉田浩（天才工場）
編集協力	塚本佳子　大江有起
カバーデザイン	飯田理湖
本文デザイン・DTP	浅井美津
イラスト	シライカズアキ

離職率1％の会社が編み出した超人財定着術

2024年9月3日　初版　第1刷発行

著　者	髙安敏行
発行者	安田喜根
発行所	株式会社 マネジメント社
	東京都千代田区神田小川町 2-3-13（〒 101-0052）
	TEL　03-5280-2530（代）　FAX　03-5280-2533
	ホームページ　https://mgt-pb.co.jp
印　刷	株式会社シナノパブリッシングプレス

©Toshiyuki TAKAYASU 2024, Printed in Japan
定価はカバーに表示してあります。
落丁・乱丁本の場合はお取り替えいたします。
ISBN 978-4-8378-0524-3 C0034